Hät letz ens gemeint enen Här vun der Fedder,
Et gör gar kein kölsche Literator! –
Jo meer hee in Kölle, meer dräumen und deechte
Su wie meer et föhlen en Hätzen un Kopp
Un wie de Lück levve, su du' mer't bereechte.

WILHELM SCHNEIDER - CLAUß

HINWEISE

Die **Auswahl** der 80 Dichter und Denker ist vorwiegend literaturhistorisch orientiert. Wohn- und Wirkungsstätten wurden z.T. neu recherchiert, die Adressenangaben beziehen sich auf aktuelle Straßennamen und Hausnummerierungen. Sollte der authentische Schauplatz nicht mehr vorhanden sein - in Köln leider oft der Fall - wurde in Klammern „zerstört, Neubau" usw. angegeben. Farbig gesetzte Ortsangaben mit den Koordinaten beziehen sich auf den großen historischen Stadtplan, schwarz gesetzte befinden sich außerhalb dieser Ausschnitte. Grabstellen werden für Köln genannt, bei Gräbern auf dem Melatenfriedhof ist die genaue Grablage vermerkt.

SIGLEN (Literaturhinweise)

W = Auswahl an Werktiteln
L = Ausgewählte Sekundärliteratur

SIGLEN (Stadtplan)

D = **Dom** St. Peter, Roncalliplatz [H8]
C = alter Standort des **Café Campi**, Hohe Str. 154 b [H7] (heute: Burger-King, neues Café Campi am Wallrafplatz)
CL = **Café / Weinhaus „Zur ewigen Lampe"**, ehemaliger Standort: Trankgasse 1, nach 1853 Comödienstr. 8 [H7] (zerstört, heute: Komödienstraße gegenüber St. Andreas)
CR = **Café Reichard** am Dom, Unter Fettenhennen 11 [H7]
F = **Westdeutscher Rundfunk WDR** am Wallrafplatz [H7]
G = **Gürzenich**, Martinstr. 29-31 [G8]
J = ehemaliges **Jesuiten- /Marzellengymnasium** in der Marzellenstr. [H7] (zerstört, heute: Hotel Hilton)
K1 = **St. Ursula**, Dechant-Löbbel-Platz [I7]
K2 = **St. Maria** im Capitol, Pipinstraße / Kasinostraße [F/G8]
K3 = **Minoritenkirche**, An Minoriten / Kolpingplatz [H7]
R = **Rathaus mit Rathausturm**, Judengasse / Rathausplatz [G8]
WR = Alter Standort des **Wallraf-Richartz-Museum**, An der Rechtschule [H7] (heute: Museum für angewandte Kunst; neues Wallraf-Richartz-Museum: Ecke Obermarspforten / Quatermarkt)
U1 = **„studium generale" des Dominikanerordens**, Unter Dominikanern [H7] (zerstört, heute: Seniorenresidenz)
U2 = **Alte Universität**, Claudiusstr. 1 [C9] (heute: Fachhochschule)

1. Mathilde Franzisca Anneke

(1817 Gut Leveringhausen bei Blankenstein, heute: Haßlinghausen - 1884 Milwaukee / USA)

Im Jahr 1847 wendet sich das Leben der Mathilde Franzisca Giesler von einer traditionsbewußten Katholikin, die religiöse Beiträge und einen *Damen Almanach* herausgibt, zur wagemutigen Revolutionärin und Frauenrechtlerin, die das Pamphlet *Das Weib im Conflict mit den socialen Verhältnissen* veröffentlicht. Sie verläßt das kleinbürgerliche Münster und geht nach Köln. Zuvor bereits geschieden von dem trinkfreudigen Weinhändler Alfred von Tabouillot, heiratet sie nun Friedrich Anneke, einen Angestellten der Versicherung Colonia und politischen Revolutionär. Sie wohnen in Köln ■ 1 Am Alten Ufer 5-7 [H8] (zerstört, heute: Gebäude der Deutschen Bahn AG) und agitieren auf den Straßen für die demokratische Idee. Nächtlicher Treffpunkt der Demokraten ist das ■ CL Weinhaus „Zur ewigen Lampe" [H7]. Nach dem Verbot der *Neuen Rheinischen Zeitung* von ➛Marx und ➛Engels gelingt Mathilde Anneke am 10. September die Herausgabe der *Neuen Kölnischen Zeitung*, die nach 17 Tagen dasselbe Schicksal ereilt. Sie beklagt, daß die *Neue Kölnische Zeitung*, die „redlich die Wahrheit sagte", einfach für „null und nichtig" erklärt wird. Ihren Abonnenten bietet sie am 27. September sofort Ersatz an: „Ich bringe Euch anstatt der Neuen Kölnischen Zeitung [...] die Frauen-Zeitung [...]". Doch dieser Ersatz, eine feministisch und demokratisch engagierte Tageszeitung, wird noch schneller, bereits nach drei Nummern, verboten. Anneke und viele andere Teilnehmer im „Kränzchen von lauter Communisten", aus dem später der „Kölner Arbeiterverein" hervorgeht, fliehen aus der Stadt. Sie und ihr Mann nehmen 1849 an den revolutionären Kämpfen im badisch-pfälzischen Feldzug teil. Schließlich geht sie nach Amerika, wo sie zeitlebens für die Emanzipation der Frauen eintritt. In Milwaukee gründet sie die *Deutsche Frauenzeitung*. Später befinden sich auch Redaktionssitze in New York, Jersey City und Newark. Eine Anneke-Skulptur befindet sich im 3. OG des ■ R Rathausturms [G8] (Ostseite, Ansicht vom Alter Markt).

W: *Die Melkerin von Blankenstein*. In: *Taschenbuch der deutschen Sagen*. Hg. von J. R. Benedix. 1844. *Das Weib im Conflict mit den socialen Verhältnissen* 1847. *Producte der Rothen Erde*. Unter dem Namen M. F. v. Tabouillot. In: *Neue Kölnische Zeitung / Frauenzeitung*. 1848. L: M. Gebhardt: *Mathilde Franzisca Anneke. Madame, Soldat und Souffragette*. Berlin 1988.

2. Guillaume Apollinaire

(1880 Rom – 1918 Paris)

1901 bekommt der stellungslose Schriftsteller Wilhelm de Kostrowitzky das Angebot, als Hauslehrer bei der Vicomtesse de Milhau-Hölterhoff zu arbeiten. Er wohnt für ein Jahr zumeist in der Villa Hölterhoff in Bad Honnef. Besonders die Ausflüge nach Köln faszinieren den Dichter, Erzähler und Kunstkritiker, der sich fortan Guillaume Apollinaire nennt. Beim Karneval im Februar 1902, als „Träume tanzen den Schreitanz um mich herum / Lügen in steifen Kleidern tanzen die Polka", versucht er die Kölner Mädchen zu gewinnen. Aber ohne Erfolg: „Ich kam nicht einmal dazu sie zu küssen und da ich schlecht tanze / habe ich vielen auf die Füße getreten". Die Beschäftigung mit dem Magier ➛Agrippa von Nettesheim und die Besichtigung der Gebeine der elftausend Jungfrauen (*Onze milles vierges*) in der Goldenen Kammer von ■ K1 St. Ursula [I7] regen ihn zum Wortspiel *vierges / verges* und damit zu seinem deftig-erotischen Roman *Onze milles verges* (Elftausend Ruten) an. Der Dichter streift durch die „lyrische Stadtlandschaft" mit ihren schummrigen Tavernen, den „tavernes borgnes". Den Prostituierten ist sein Gedicht *Marizibill* gewidmet, dessen erste Strophe lautet: „In der Hohe Straße zu Köln / Ging sie am Abend auf und ab / Offen für alle und hübsch dabei / Dann trank sie müde vom Pflaster / Im schummrigen Brauhaus ein spätes Bier." Kölns Reichtum an Kunstschätzen führen ihn auch in das damalige ■ WR Wallraf-Richartz-Museum [H7]. Erst 1913 besucht Apollinaire wieder kurz Köln und auch Bonn, wo er August Macke und ➛Max Ernst kennenlernt. Das ■ 2 Kölner Museum Ludwig, Bischofsgartenstr. 1 [H8] am Dom, beherbergt die Skulptur *Frauenkopf (Dora Maar)* des Apollinaire-Freundes Pablo Picasso. Dieser Kopf trägt zum Andenken an den befreundeten Dichter deutlich dessen Züge: eine große Nase und einen schmalen Mund.

W: *L'Enchanteur pourrissant* (Der verwesende Zauberer) 1904 / 1909. *La Poésie symboliste* 1909. *L'Hérésiarque et Cie* (Erzketzer und Co.) 1910. *Le Bestiaire ou cortège d'Orphée* (Bestiarium oder Gefolge des Orpheus) 1911. *Alcool. Poèmes* 1913.
L: Kurt Roessler: *Köln im Werk Guillaume Apollinaires*. Bornheim 2002.

3. Thomas von Aquin

(ca. 1226 auf Schloß Roccasecca bei Neapel – 1274 Abtei Fossanova bei Rom)

Gegen den Widerstand seiner Familie tritt Thomas von Aquin in den Dominikanerorden ein und kommt 1248 nach Köln. Den übergewichtigen und schweigsamen Schüler von ➛Albertus Magnus nennen die Kommilitonen am ■ U1 „studium generale“ [H7] „stummer Ochse“. Doch sein Lehrer Albertus prophezeit: „Sie nennen dich einen stummen Ochsen, aber du wirst noch ein solches Gebrüll von dir geben, daß es in der ganzen Welt ertönt.“ Um 1250 wird Thomas in Köln zum Priester geweiht. In diese Zeit fällt seine erste wissenschaftlich-theologische Arbeit, die *Expositio super isaiam as litteram*, in welcher der biblische Bakkalaureus die theologischen Positionen von Albertus Magnus vertritt. Der Lehrer ist es auch, der sich dafür einsetzt, daß Thomas 1252 an den Lehrstuhl der Dominikaner nach Paris berufen wird. Dort erweitert er die theologischen und philosophischen Lehren seines Lehrers und überflügelt ihn sogar. Thomas kommt nie wieder nach Köln zurück. Der Lebensweg des verehrten und berühmten Denkers des Mittelalters führt vielmehr nach Frankreich und Italien. 1323 wird er heilig gesprochen. Seine mittelalterliche Heiligenvita berichtet über die Öffnung seines Grabes 14 Jahre nach seinem Tod: „[wir] fanden seinen Leichnam an den Gliedern und den Tüchern unversehrt wie früher, ausgenommen seine Nasenspitze, die wegen der langen Zeit ein wenig verwest war.“ Auf dem Turm des Maternushauses in der ■ 3 Kardinal-Frings-Straße 1-3 [I7] soll ein Ochse an den Heiligen erinnern.

W: *Expositio super isaiam as litteram* ca. 1251. *De ente et essentia* 1252. *Sentenzenkommentar zu Petrus Lombardus* 1254-56. *Quaestiones disputatae de veritate* 1256-59.
L: *Summe der Theologie. Die sittliche Weltordnung von Thomas von Aquin.* Hg. von J. Bernhart. Stuttgart 1985.

4. Archipoeta **(ca. 1130 - ca. 1165, Orte unbekannt)**

Wie andere Vagantendichter im Mittelalter, reist Archipoeta ohne festen Wohnsitz umher. Von seinen Zech- und Trinkliedern *Carmen* sind neun Liedgedichte und der Anfang eines zehnten überliefert. Sie beinhalten eine Huldigung an seinen Mäzen, Reinald van Dassel, dem Kölner Erzbischof und Kanzler Friedrich Barbarossas, der die Gebeine der „Heiligen Drei Könige“ aus Mailand nach Köln schafft. Diesen beschreibt Archipoeta als „Praesul urbis Agrippinae / qui rigorem disziplinae / bonitate temperas / nihil agens indiscrete“ (Bischof von Köln / der du handelst mit harter Disziplin / wohlmeinenden Wesens / niemals gleichgültig). Bischof van Dassel gewährt dem Poeten in der Domschule im Bereich des heutigen ■ D Doms (damals karolingischer Hildebald-Dom) seine Gastfreundschaft. Skulptur Dassels: ■ R Rathausturm [G8] 1. OG (Westseite, Ansicht vor dem Rathaus). Die Liedersammlung *Carmina Burana* enthält Archipoetas *Vagantenbeichte*, die der Komponist Carl Orff zu dem Werk *Carmen Nr. 11* umarbeitet. Der wohlklingende Name Archipoeta ist vermutlich ein Pseudonym.

W: *Carmina I-X*. 12. Jh.

5. Ernst Moritz Arndt

(1769 Groß-Schoritz / Rügen – 1860 Bonn)

Arndt eilt 1815 an den Rhein, „wo man auf alle Weise in das Volk und an das Volk blasen muß." Das napoleonische Köln kennt er schon von einem kurzen Besuch der Stadt im Jahr 1799. Napoleon schickt sich nun erneut an, die Macht in Europa zu ergreifen, und Arndt möchte die rheinischen Truppen publizistisch und ideologisch unterstützen. Er bewegt den Verleger Rommerskirchen, Verlagsbuchhandlung Einhorn, ■ 5a Unter Fettenhennen [H7] (zerstört, heute am Köln Tourismus-Office), zur Wiederauflage der Flugschrift *Soldatenkatechismus* und gibt von Juli 1815 bis Mai 1816 die Zeitschrift *Der Wächter* heraus. Zufällig trifft Arndt im Juli 1815 im ■ D Dom auf ➛Goethe in Begleitung des Ministers von Stein. Obwohl er sich nach 1815 für Bonn und gegen Köln als Standort der neuen rheinischen Universität einsetzt, ernennt die Stadt Köln den sogenannten „Freiheitsdichter" 1859 zum Ehrenbürger. Die Figur des Dichters und späteren Abgeordneten der Frankfurter Nationalversammlung findet man auf dem ■ 5b Denkmal für Friedrich Wilhelm III, Heumarkt [G8].

W: *Soldatenkatechismus* 1815. Herausgeber der Zeitschrift *Der Wächter* 1815/16. *Eine malerische Rheinreise von Köln nach Mainz* 1982. **L:** *E. M. Arndt. Wanderungen rund um Bonn ins rheinische Land*. Hg. von H. Kochs. Köln 1984.

6. Hans Arp **(1887 Straßburg – 1966 Basel)**

„Das da, das ist von mir", belehrt er 1914 einen älteren Besucher mit „Hindenburg-Schnurrbart". Dieser hatte sich auf der Kölner Werkbund-Ausstellung über ein Bild, das scheinbar „durch die Luft fliegende Würstchen" darstellt, heftig erregt. Ein junger Künstler steht in der Nähe, er hört interessiert zu und spricht Arp an: „Wir wollen Freunde werden. Ich heiße Max Ernst." Der andere antwortet: „Vielen Dank. Ich heiße Hans Arp." Ernst erinnert sich an diese Zeit: „Wir sahen uns ständig [...] in Begleitung junger rheinischer Mädchen, wie sie ➛Heine und ➛Apollinaire zu ihren Gedichten inspiriert hatten." Zu diesem Zeitpunkt hat Arp schon seine Studienzeit in Straßburg, Weimar, Paris und im schweizerischen Weggis, wo er von 1909-13 „mit sich und der Kunst gerungen", hinter sich gelassen. 1916 wirkt Arp in Zürich im DADA-Kreis „Cabaret Voltaire" um Hugo Ball und Tristan Tzara mit. Bis 1921 kommt er immer wieder nach Köln, um in der **Ölbergstr. 62** (Klettenberg) seinen Vater zu besuchen. 1919/1920 gründet Arp als treibende Kraft zusammen mit ➛Ernst und ➛Baargeld die Kölner DADA-Zentrale „W/3", deren Treffpunkt die Wohnung von Ernst am ■ 6 Kaiser-Wilhelm-Ring 14 [H5] ist. Er veröffentlicht seine Gedichte in den DADA-Zeitschriften *schammade* und *wolkenpumpe*. Arp ist so sehr von Ernsts Collagen begeistert, daß „er wünsche, er hätte sie selbst gemacht." Daraufhin lädt Ernst ihn ein, diese Collagen mit seinen Texten zu signieren, und es entsteht ihre gemeinsame Kunst-Fabrikation: die „FATAGAGA" („Fabrication de Tableaux Gasometriques Garantis"). Arps Signaturen lauten etwa: „Einem alten diebsgebrauch folgend deponiert der dadaist arp seine exkremente am fuße der leiter." 1921/22 ist die Kölner DADA-Zeit zu Ende. Nach dem Tod des Vaters im Januar 1921 verläßt Arp Köln und geht später nach Paris.

W: DADA-Texte in: *schammade* und *wolkenpumpe* 1919/1920. *Unsern täglichen Traum ... Erinnerungen, Dichtungen und Betrachtungen aus den Jahren 1914-1954* 1995. **L:** *Fatagaga-Dada: Max Ernst, Hans Arp, Johannes Theodor Baargeld und der Kölner Dadaismus*. Hg. von K. Riha u. J. Schäfer. Köln 1995.

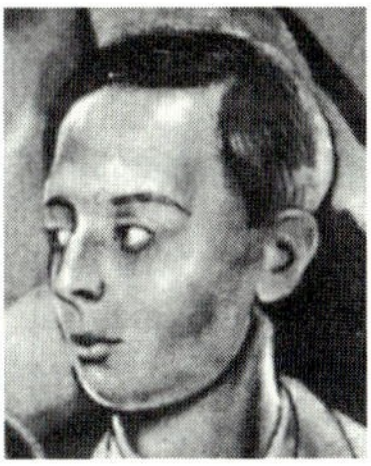

7. Johannes Theodor Baargeld

(eigentl. Alfred Emanuel Ferdinand Gruenwald)
(1892 Stettin - 1927 Mont Blanc Gebiet)

Der „Zentrodada" von Köln, das „Genie ohne Werk" (Werner Spies), hinterließ etwa zwei Dutzend Gedichte und DADA-Texte sowie Zeichnungen, die die Kunst bis heute inspirieren. Seit 1902 verbringt er seine Jugend in Köln „in einem Haus [...], das ihm Pomp und feine englische Manieren, aber auch ein Verhältnis zu neuerer Kunst und Kultur vermittelte" (Spies). Er besucht das ■ 7a Gymnasium Kreuzgasse [G7] (damals: Kreuzgasse 2). Der kletterbegeisterte Junge übt sich beim Besteigen des Teehauses im Garten der Eltern. Nach dem Abitur studiert er Jura und Volkswirtschaft in Oxford und Bonn. Im ersten Weltkrieg ist er Soldat, 1917 engagiert er sich politisch in der marxistischen U.S.P.D. Er lebt in der **Goethestr. 66**, der elterlichen Villa im noblen Stadtteil Marienburg, oder bei seinem Bruder Heinrich in der ■ 7b Breitestr. 161 [G6] (zerstört). Mit ➛Ernst und ➛Arp gründet er 1919 die DADA-Gruppe „W/3", deren Schaffen der Vater, Generaldirektor der Kölnischen Rückversicherungsgesellschaft und Mitglied im „Kölnischen Kunstverein", mitfinanziert. In dieser Zeit nimmt er den Künstlernamen Johann Theodor Baargeld an und publiziert in den Zeitschriften *Der Ventilator*, *Bulletin D* und in der *schammade*. Seine DADA-Gedichte besitzen eine besondere lautmalerische Qualität: „Bergamotten faltern im Petroleumhimmel / Schwademasten asten Schwanenkerzen / Teleplastisch starrt das Cherimbien Gewimmel / In die überöffneten Portierenherzen / Inhastiert die Himmelbimmel" (*Bimmelresonanz II*). Nach der großen DADA-Ausstellung im Brauhaus Winter in der ■ 7c Schildergasse 37 [H6] (zerstört) verläßt er die DADA-Bühne. Er promoviert 1923 in Volkswirtschaft an der ■ U2 Universität Köln [C9]. Später nennt er sich Jesajas und widmet sich intensiv der alpinen Bergsteigerei sowie der Landschaftsfotografie. Ein Wettersturz an der Bionnassay-Nordwand im Mont-Blanc Massiv wird ihm und seinem Freund Bickhoff 1927 zum tödlichen Verhängnis. Grab: **Melatenfriedhof (Flur 73A, Nr. 4).**

W: Politische Beiträge in: *Die Aktion* 1917-1920. Gedichte und Zeichnungen in: *Der Ventilator*, *Bulletin D* und *schammade* 1919-1920. *Baargeld-7-Gedichte.* In: *Der Stallgefährte*. Hg. von J. Wilms. Köln 1989. **L:** W. Spies: *Max Ernst - Collagen, Inventar und Widerspruch*. Köln 1974. *Bagage de Baargeld. Neues über den Zentrodada aus Köln*. Hg. von W. Vitt. 1985. *Johannes Theodor Baargeld: Fummelmal & Ferngefimmel. Lyrik und Prosa des Zentrodada*. Hg. von W. Vitt. Nördlingen 2001.

8. August Bebel

(1840 Köln-Deutz – 1913 Passug / Schweiz)

Auf dem Gedenkrelief am Haus ■ 8 Kasemattenstr. 8 [G10] (Deutz) wird Bebel zitiert: „Wenn eine Stadt in Deutschland, soweit das überhaupt möglich ist, für sich in Anspruch nehmen kann, sich als Geburtsstätte des Sozialismus zu betrachten, so ist es Köln." Sein Vater ist schlecht bezahlter Unteroffizier, seine Mutter führt die Kantine der Kaserne. Bebel wird in der Deutzer Kasernenunterkunft, den Kasematten, zeitgleich mit dem 9 Uhr-Zapfenstreich geboren: „strenggenommen verstieß es gegen die militärische Ordnung, daß ich als preußisches Unteroffizierskind in demselben Augenblick die Wände einer königlichen Kasemattenstube beschrie [...], in dem der Befehl zur Ruhe erlassen wurde." Als sein Vater 1843 mit 33 Jahren stirbt, heiratet die Mutter den Zwillingsbruder des Vaters, einen Aufseher in der Provinzial-Korrektionsanstalt in

Brauweiler bei Köln. Dort besucht Bebel die Dorfschule. Die Erziehung ist streng: „Sind Prügel der höchste Ausfluß erzieherischer Weisheit, dann muß ich ein wahrer Mustermensch geworden sein [...]. Was ich geworden bin, wurde ich trotz der Prügel.“ Bereits 1846 wird die Mutter zum zweiten Mal Witwe und Bebel zieht mit ihr nach Wetzlar. Nach einer Drechslerlehre kommt er 1860 nach Leipzig. Hier engagiert er sich in der Arbeiterbewegung. Bebel gründet mit Liebknecht 1869 die „Sozialdemokratische Arbeiterpartei“, die spätere SPD. 1880 lernt der Abgeordnete des deutschen Reichstages ➛Engels und ➛Marx kennen. Als einziger Parlamentarier tritt er 1895 für das Frauenwahlrecht ein. Bebel arbeitet für das Parteiorgan *Vorwärts* und verfaßt wichtige kulturpolitische Schriften.

W: *Aus meinem Leben.* 3 Bd. 1911-14. L: U. Hermann, V. Emmrich, R. Dlubek, H. Heinicke, W. Henze, E. Müller: *August Bebel. Eine Biographie.* Berlin 1989.

9. Jürgen Becker (1932 Köln)

Becker verbringt den Großteil seiner Kindheit und Jugend in Erfurt, im Harz und in Waldbröl. 1950 kehrt er nach Köln zurück. Dort sucht der Lyriker die Zusammenarbeit mit bildenden Künstlern, wie z. B. Wolf Vostell, mit dem er 1960 den Band *Phasen* veröffentlicht. Seit 1959 arbeitet Becker für den ■ F WDR [H7]. *Felder*, eine lyrisch-topographische Auseinandersetzung mit Köln, macht ihn 1964 bekannt: „der Rhein riecht grün, unser Vater, ewig besoffen, rülpst die ganze Nacht“ 1965 heiraten Becker und die Malerin Rango Bohne. Gemeinsam arbeiten sie an Büchern, die ihre Bilder und seine Texte verbinden. Sie leben in einem alten Haus in Odenthal, nahe Köln. Sein Stammcafé ist zeitweise das ehemalige ■ C Café Campi [H7]. Er erinnert sich: „[...] steuerte ich auch auf Campis ewige Espresso-Bar zu, vor einigen Zeiten geschah das ziemlich jeden Tag oder Mittag.“ In Köln wohnt Becker im rechtsrheinischen Stadtteil Brück. Der Lyriker und Erzähler erhält den Literaturpreis der Stadt Köln und den Uwe-Johnson-Preis. Mit dessen Namensgeber verbindet ihn ein gemeinsames Interesse: „[...] die Person Uwe Johnsons stieg gleichwohl hier [am Hauptbahnhof] aus, und unser erstes und nicht letztes gemeinsames Bier tranken wir beim Fischenich 1960.“ Die ehemalige Gaststätte „Fischenich“, in der ■ 9 Huhnsgasse 31 [F6], beherbergt heute die Kneipe „Beim Zappes“.

W: *Felder* 1964. *Gedichte 1965-1980* 1980. *Korrespondenzen mit Landschaft.* Zus. mit R. Bohne. 1996. *Journal der Wiederholungen* 1999. *Aus der Geschichte der Trennungen* 1999.

10. Hans Bender

(1919 Mühlhausen im Kraichgau)

Der Erzähler Hans Bender ist als *Akzente*-Herausgeber der Dreh- und Angelpunkt der Kölner Literaturszene. Zunächst studiert er, unterbrochen von der Zeit als Soldat 1940-45 und als russischer Kriegsgefangener 1945-50, in Heidelberg Germanistik, Publizistik, Philosophie und Kunstgeschichte. 1959 zieht er nach Köln in die ■ 10a Brüderstr. 3 [G7], zeitweise in einer Wohngemeinschaft mit dem Autor Peter Härtling. Beide arbeiten für die *Deutsche Zeitung* in der ■ 10b Apostelnstr. 13 [G6] und im Pressehaus in der ■ 10c Breite Str. 72 [G6]. Bender gibt die renommierten Literaturzeitschriften *Konturen* (1951-53) und *Akzente* (1954-80) heraus. „Seit Hans Bender in Köln lebt, unterhält er eine der begehrtesten und beschicktesten Posteinlaufstellen der BRD für Literatur, er ist eine Erwartungs- und Hoffnungsadresse für viele Autoren [...]. Vermutlich sind es seine zwei Kater, [...] Beny, graubraun getigert, und Crazy, schwarz-weiß gescheckt [...], die ihm beim Postöffnen prüfend zuschauen. Miauend und schnurrend übernehmen sie viel Arbeit beim Antwortschreiben" (Robert Stauffer). Mit den Kölner Autoren ➛Böll, ➛Schallück, oder ➛Becker trifft er sich gerne im ■ C Café Campi [H7]. Über diesen Ort sagt Bender: „Das Campi ist ein Magnet, der von alleine anzieht, weil einem da, in der flirrenden Atmosphäre des Campi, manchmal auch Einfälle zufliegen, die zu Hause, am Schreibtisch, nicht kommen wollen." Mit ➛Paul Celan und Ernst Jandl liest er im ■ CR Café Reichardt [H7]. Ein weiterer Treffpunkt ist das ■ 10c Café Kranzler am Hohenzollernring 32 [H5] (heute: „Pizza Hut"). Nach seinem Umzug 1969 in die **Taubengasse** schreibt er an Hermann Kesten: „Im alten Köln sagt man, wer in die Taubengasse zieht, bei dem geht es sozial abwärts." Ganz so schlimm kommt es nicht. Bender erhält zahlreiche Auszeichnungen, u. a. das Bundesverdienstkreuz und den Kulturpreis der Stadt Köln.

W: *Wölfe und Tauben* 1957. *Die Orte, die Stunden* 1992. *Ich schreibe kurz* 1996. *Wie die Linien meiner Hand* 1999. *Ich erzähle, ich erinnere mich* 2001.

11. Karl Berbuer (1900 Köln – 1977 Köln)
Der Kölsche Komponist und Vortragskünstler Berbuer unterliegt anfänglich der großen Konkurrenz eines ➛Willi Ostermann. In den dreißiger Jahren gelingen ihm erste große Erfolge, wie z. B. *Heidewitzka, Herr Kapitän.* Seine Titel *Wir sind die Eingeborenen von Trizonesien* und *Un et Arnöldche fleut* sind heute ausgesprochen populär. Berbuer wächst in der Löhrgasse, heute: ■ 11a Agrippastr. 18 [F7], auf (zerstört, Gedenktafel an der Feuerwache). In seiner Kindheit spielt Berbuer in Laientheatergruppen, später steht er im Karneval auf der großen „Bütt“. Humorvoll denkt er an das eigene Sterben und schreibt kurz vor seinem Tod: „Wenn dat esu es, dat em Himmel och met Wasser wed gekoch / Wenn dat esu es, dat die Engel och ganz nackig sin beim Flog / Wenn dat esu es, dat do bovven die nix han em Portmanee / Wenn dat esu es, blieven mer doch lever he.“ Ihm zu Ehren steht ein schöner Brunnen, in Gestalt des Narrenschiffs „Müllemer Böötche“, auf dem ■ 11b Karl-Berbuer-Platz [E7] im Severinsviertel. Grab: **Südfriedhof (Flur 83, Nr. 223/224).**

W: *Sie kriggen uns nit kapott!* 1925. *Heidewitzka, Herr Kapitän* 1936. *Wir sind die Eingeborenen von Trizonesien* 1948. *Un et Arnöldche fleut: Em Himmel es der Düvel loss* 1950. L: *Karl Berbuer erzählt aus seinem Leben.* In: *Unser Köln.* 16. Jg. Köln 1963. *100 Jahre Karl Berbuer: Die Welt es wie en Äugelskess.* Katalog. Hg. von der Kreissparkasse. Köln 2000.

12. Robert Blum (1807 Köln - 1848 Wien)
Sein vorletzter Brief lautet: „Lieber Freund! Es ist 5 Uhr, und um 6 Uhr werde ich – erschossen. [...] Ich sterbe als Mann [...]. Lebt wohl!“. Der letzte Brief, eine halbe Stunde später verfaßt: „Mein teures, gutes, liebes Weib, lebe wohl [...] um 6 Uhr habe ich vollendet [...]. Mein Siegelring ist für Hans, die Uhr für Richard, der Diamantknopf für Ida, die Kette für Alfred [...]. Alle sonstigen Andenken verteile Du nach Deinem Ermessen. Man kommt! Leb wohl, wohl!“ Blum wächst in ärmlichen Verhältnissen am ■ 12a Fischmarkt Nr. 1490 [G8] auf, später die Mauthgasse 5 (Gedenktafel an der Mauer vor Groß St. Martin). Eine Masernerkrankung verursacht eine lebenslange Sehschwäche. Von der Kirche ■ 12b St. Martin [G8], in der Blum als Meßdiener beginnt, wechselt er 1819 auf das ehemalige ■ J Jesuitengymnasium [H7], das er nach einem Jahr wegen Geldmangels wieder verlassen muß. 1826 schließt Blum erfolgreich die Lehre beim Gürtler und Gelbgießer Räder ab und wandert ein Jahr im

Rheinland „auf der Walz“. Danach stellt ihn der Laternenfabrikant Schmitz ein. 1830 publiziert Blum seine erste Schrift *Kurze Abhandlung über die Straßenlaternen*. Die nächsten 17 Jahre engagiert ihn der Schauspieldirektor Ringelhardt als Theaterdiener zunächst in Köln, ab 1832 in Leipzig, wo er 1839-46 ein Theaterlexikon in sieben Bänden herausgibt. Politisch schließt er sich den Demokraten an und publiziert u. a. das Volkstaschenbuch *Vorwärts*. 1848 wird Blum Abgeordneter der Linken und Vizepräsident der Frankfurter Nationalversammlung. Hier trifft er auch den Kölner Abgeordneten ➛Raveaux. Blum schreibt, daß „nötigenfalls auch ein Waffenkampf nicht gescheut werden dürfe.“ Das revolutionäre Köln verehrt ihn: „Mutter ist fast wahnsinnig geworden vor Freude, daß ihrem Sohn ein Fackelzug gebracht wurde.“ Weil er nur selten nach Köln kommt, bittet er seine Schwester: „Kaufe mir ein Kistchen Eau de Cologne; ich muß einer Dame ein Geschenk machen.“ Oktober 1848 unterstützt er den Wiener Aufstand. Nach der Niederlage und seiner Verhaftung lautet das Urteil, ihn mit „Pulver und Blei“ standrechtlich zu erschießen. Die *Neue Rheinische Zeitung* von ➛Marx und ➛Engels würdigt ihn als Mann, auf den „wir stolz sein können, dessen Name in den Herzen des Volkes [...] fortleben wird“. Skulptur: ■ R Rathausturm [G8] 3. OG (Nordseite, Treppe zum Alter Markt).

W: *Die Zeit, Auf einer Wasserfahrt, Bitte, Festgesang.* u.a. Gedichte in: Rhein-Blüten. 1831. *Die Befreiung der Candia* 1836. *Rede am Grabe des Herrn Joseph Della Porta* 1845. *Ein Charakterbild für Freunde und Gegner* 1846. *Die Stellung der Soldaten in Deutschland.* Rede. 1848. L: *Robert Blum. Briefe und Dokumente.* Hg. von S. Schmidt. 1981.

13. Heinrich Böll

(1917 Köln - 1985 Langenbroich / Eifel)

Böll verwandelt Köln in eine „Provinz der Weltliteratur“ (➛Hans Mayer). Obwohl in schwierigen Zeiten geboren, erlebt er zunächst eine behütete Kindheit in seinem Geburthaus in der ■ 13a Teutoburgerstr. 26 [C8] (Ecke Altenburger Straße). Sein Vater betreibt ein prosperierendes Schreinergeschäft in der ■ 13b Vondelstr. 28-30 [D7]. Der „Geruch von Leim, Schellack und Beize“ ist eine erste, bleibende Erinnerung. Der kleine Böll bevorzugt die Gegend, „in der Arbeiter, Partei- und Gewerkschaftssekretäre wohnten“, denn „dort gab es die meisten Kinder und die besten Spielgenossen.“ 1922 zieht die Familie Böll in die **Kreuznacherstr. 49** (Raderberg). Infolge der Weltwirtschaftskrise geht das Geschäft pleite und die Familie wechselt - auf Gläubigerflucht – rasch die Wohnungen: 1930-31 ■ 13c Ubierring 27 [D8/9], 1931-36 ■ 13d Maternusstr. 32 [D8] (gut erhaltener Jugendstilbau mit einem kleinen Hinweis auf Böll) und 1936-42 ■ 13e Karolingerring 17 [D7]. „[...] nach jedem Umzug wußten außer Verwandten und Freunden ebenso rasch der Gerichtsvollzieher und die Bettler unsere neue Adresse." Als Junge schwänzt er oft die Schule und besucht lieber die „Straßenschule" und das ■ WR Wallraf-Richartz-Museum [H7]. Zur Machtübernahme der Nazis sagt er: „Die Universität Köln, an der eine Reihe sehr importanter Leute lehrte, war schneller gleichgeschaltet als, sagen wir, das Straßenbahndepot Köln-Ehrenfeld." Auf dem ■ 13f Clodwigplatz [D8] befindet sich Bölls spätere Lieblingskneipe, „Hermann's Weinbrandschänke" (Einrichtung erhalten, heute: „Früh em Veedel"). Nach dem Abitur, 1937, auf dem ■ 13g Kaiser-Wilhelm-Gymnasium in der Heinrichstraße [E7], und einer abgebrochenen Buchhändlerlehre bei Lempertz in Bonn wird er zur Wehrmacht einberufen. 1942 heiraten er und seine Freundin Annemarie Cech. Ihre Kölner Wohnungen in der ■ 13h Kleingedankstr. 10 [D7] und in der **Neuenhöfer Allee 42** werden ausgebombt. Der Soldat Böll wird verwundet und desertiert. Im September 1945 kommt er aus amerikanischer Kriegsgefangenschaft nach Köln zurück. Hier wohnt er in der **Schillerstr. 99** (Bayenthal). Der erste Sohn Christoph stirbt kurz nach der Geburt. 1947 wird Raimund geboren und Bölls erste Veröffentlichung erscheint im *Rheinischen Merkur*. Die finanzielle Situation ist schwierig, als 1948 der Sohn René geboren wird. Dem Lektor Paul Schaaf schreibt er: „Obwohl ich manchmal (sekundenweise!) glaube, eine Aufgabe zu haben, so ist mir die Literatur doch keine unglückliche Stunde meiner Frau oder meiner Kinder wert." Seine Frühwerke erscheinen im Middelhauve-Verlag. Mit ➛Bender, ➛Schallück und Reding arbeitet er in der nur kurz bestehenden „Gruppe junger Autoren". Er beteiligt sich an den „Mittwochsgesprächen" (1950-56) im sogenannten „Kopfbahnhof" beim Bahnhofsbuchhändler Gerhard Ludwig im ■ 13i Alten Wartesaal am Bahnhof [H8]. Persönlichkeiten, wie z. B. Gottfried Benn, Carl Zuckmayer, Gustav Gründgens, Wolfgang Koeppen und Eugen Kogon, lesen ebenfalls auf dieser wichtigen Veranstaltung. Zwischenzeitlich (1952) finden die Lesungen unter dem Titel "Der grüne Teppich" in der Wohnung Ludwigs in der **Fürst-Pückler-Str. 40** (Lindenthal) statt. In Domnähe verweilt Böll gerne im ■ CR Café Reichard [H7]. Alfred Andersch ist es, der ihm den Kontakt zum Verleger Joseph Caspar Witsch, **Rondorferstr. 5** (Marienburg), vermittelt. Bei „Kiepenheuer & Witsch" erscheint in der Folge der Großteil seiner Werke. 1954-1969 wohnt er in der **Belvederestr. 35**, im grünen Müngersdorf. Auf der Flucht vor den „Rasenmähern" zieht er 1969 wieder in die Stadt, in die ■ 13j Hülchratherstr. 7 [K8] (Gedenktafel), und wohnt hier dreizehn

Jahre lang. 1967 erhält er den Georg-Büchner-Preis. Böll nimmt in Köln an den „Politischen Nachtgebeten“ teil, gibt mit Günter Grass und Carola Stern die sozialistische Zeitschrift *L 76* heraus und unterstützt später die Friedensbewegung. Wegen ihres politischen Engagements werden Böll und ➛Wallraf observiert und verdächtigt, den Terrorismus zu unterstützen. Der Schriftsteller kritisiert die Stadt oft als „Auto-Köln“ und meint zum Dom: „Die Türme des Doms stören mich. Ich find' die überflüssig. Ich find' das viel schöner, dieses mittelalterliche Provisorium mit dem Kran. Die Preußen haben ja den Dom dann gebaut und diesen ganzen vaterländischen Scheiß drum gemacht.“ 1972 wird er mit dem Literatur-Nobelpreis und 1974 mit der Carl-von-Ossietzky-Medaille geehrt. Seine Romane *Die verlorene Ehre der Katharina Blum* und *Gruppenbild mit Dame* werden erfolgreich verfilmt. Die *Weltbühne* der DDR beschimpft Böll als „Herbergsvater der dissidierenden Wandergesellen“, da er ➛Kopelew beherbergt und Biermann einlädt. Am 16. Juli 1985 stirbt Böll nach einer Operation in seinem Haus in Langenbroich. Skulptur: ■ R Rathausturm [G8] 4. OG (Südseite).

W: *Irisches Tagebuch* 1957. *Dr. Murkes gesammeltes Schweigen und andere Satiren* 1958. *Billard um halbzehn* 1959. *Ansichten eines Clowns* 1963. *Gruppenbild mit Dame* 1971. *Die verlorene Ehre der Katharina Blum oder: Wie Gewalt entstehen und wohin sie führen kann* 1974. *Bericht zur Gesinnungslage der Nation* 1975. *Das Vermächtnis* 1982. *Die Verwundung* 1983. *Einsprüche und Zusprüche* 1984. *Frauen vor Flußlandschaft* 1986. *Die Fähigkeit zu trauern* 1986. *Der Engel schwieg* (früher Roman von 1946) 1992. *Briefe aus dem Krieg*. Hg. von J. Schubert. 2001. L: *Heinrich Böll und Köln*. Hg. von V. Böll (Mit einer Wanderung durch Heinrich Bölls Köln. Von M. Stankowski). Köln 1998.

14. Rolf Dieter Brinkmann

(1940 Vechta - 1975 London)

„Ich // schrieb das alles schnell auf, bevor / der Moment in der verfluchten // dunstigen Abgestorbenheit Kölns / wieder erlosch.“ Nach einer Buchhändlerlehre in Essen nimmt Brinkmann 1962 in Köln ein Pädagogik-Studium auf. Schon früh entstehen erste Gedichte und Erzählungen. Der Lektor ➛Dieter Wellershoff entdeckt sein Talent, und Brinkmann schließt sich vorübergehend der von Wellershoff initiierten „Kölner Schule“ an. Seit 1965 ist er freier Schriftsteller und entwickelt sich zu einem der bekanntesten deutschen Autoren der Popliteratur im Sinne des rebellischen Undergrounds. Sein Schreiben wird stark von der amerikanischen Beat-Generation, wie sie William S. Burroughs repräsentiert, beeinflußt. Sprachrhythmus, Wortwahl und Schnittechnik in seinen Gedichten reflektieren in einzigartiger Weise die über das

Alltägliche hinausgehenden, aber im Alltäglichen vorgefundenen Momente. Zugleich arbeitet er an Fotocollagen, Experimentalfilmen, Hörspielen und Übersetzungen und ist Mitherausgeber zweier Anthologien zeitgenössischer amerikanischer Literatur. Brinkmann lebt mit seiner Frau und seinem Sohn oft am Rande des Existenzminimums: „[...] dauernd Mahnungen, Drohungen, Rechnungen, Zahlungsbefehle, einmal wollten sie mich sogar wegen Nichtzahlung in Haft nehmen." Er verteidigt in seinem Werk radikal die persönlichen Gefühle gegen eine Abwertung, Verfälschung oder Stigmatisierung durch gesellschaftliche Normen. Mit dem Niedergang der Protestbewegung gerät auch er in eine persönliche Krise. 1972 und 1973 ist er Stipendiat in der Villa Massimo in Rom. Brinkmann wird 1975 in London von einem Auto überfahren. Nach seinem Tod sprüht jemand eine Gedenkschrift an sein Wohnhaus in der ■ 14 Engelbertstr. 65 [G5]: „In diesem Haus schrieb, liebte und haßte Rolf Dieter Brinkmann: / Aber das Leben erschlaffte."

W: *Keiner weiß mehr* 1968. *Silverscreen. Neue Amerikanische Lyrik*. Anthologie. Hg. zus. mit R.-R. Rygulla 1969. *Acid*. Anthologie. Hg. zus. mit R.-R. Rygulla 1969. *Frank O'Hara. Lunch poems und andere Gedichte*. Übersetzung. 1969. *Westwärts 1&2* 1975. *Rom, Blicke* 1979. **L:** *Too much - das lange Leben des Rolf-Dieter Brinkmann*. Hg. von G. Geduldig u. M. Sagurna. Vechta 2000.

15. Otto Brües (1897 Krefeld - 1967 Krefeld)

Otto Brües gehört mit Joseph Winkler, Paul Bourfeind, Martin Rockenbach, Jakob Kneip und Theodor Seidenfaden in den zwanziger Jahren zu der einflußreichen Gruppe von Kölner Autoren und Redakteuren, die eine katholisch-konservative oder deutschnationale Richtung vertreten. Zum Teil werden sie von der NS-Kulturpolitik vereinnahmt, bewahren aber eine größere Distanz als etwa der Lyriker Ernst Bertram, dessen „nordische" Werke geradezu in der NS-Ideologie aufgehen und der als Kölner Professor die Bücherverbrennung im Mai 1933 im Hof der ■ U2 Universität [C9] rechtfertigt. Doch auch Brües publiziert nicht nur im *Stadt-Anzeiger*, sondern ebenfalls in den nationalsozialistischen *Rheinischen Blättern*. Zudem schreibt er ein Porträt über seinen Kölner Freund Steguweit, einen erfolgreichen Nazi-Romancier, über den später gespottet wird: „Ein Hakenkreuz am Wegrand steit, stumm kniet davor Heinz Steguweit." Nach Kriegsteilnahme im ersten Weltkrieg studiert Brües Germanistik und Kunstgeschichte in Köln und Bonn. Ab 1922 arbeitet er als Feuilleton-Redakteur und Verfasser zahlreicher Gedichte, Erzählungen, Romane und Dramen zu volkstümlichen, religiösen und historischen Themen. Zunächst wohnt er in der **Siebengebirgsallee 80 III** und später in seinem Haus in Lindenthal am **Krieler Dom 20** (denkmalgeschützte Häusergruppe der zwanziger Jahre). Seine „Bibliothek im Hause am Krieler Dom in Köln nahm zwei Zimmer ein und zählte schon vor dem Kriege mehr als 8.000 Bände“ (Tochter Eva Brües). 1942 erhält er den Rheinischen Literaturpreis. 1945 kehrt er nach Krefeld zurück und arbeitet fortan als Schriftsteller und angesehener Theaterkritiker.

W: *Die deutsche Jugend und der liberale und nationale Gedanke* 1919. *Grundlagen des Liberalismus* 1920. *Walter Hasenclever*. Zus. mit P.J. Cremers. 1922. *Heilige, Helden, Narren und Musikanten* 1923. *Fliegt der Blaufuß?* 1935. L: *Otto Brües*. In: *Rheinische Lebensbilder* Bd. 16. Köln 1997.

16. Giacomo Casanova

(1725 Venedig - 1798 Dux / Böhmen)

Auf dem Weg von Utrecht, knapp einem Überfall durch französische Deserteure entkommen, trifft der sagenumwobene Lebenskünstler eines Mittags im Januar 1760 in Köln ein: „[...] mein Postillon gab, von mir mit der Pistole bedroht, dem Pferd die Sporen [...]. In Köln waren die Franzosen im Winterquartier. Ich fand im Gasthof 'Zur Sonne' Unterkunft.“ Vermutlich übernachtet Casanova im Gasthaus „Zum Heiligen Geist“, heute „Zum Roten Ochsen“, am ■ 16a Thurnmarkt 7 [G8]. Er übergibt dem örtlichen Kommandanten einen Brief, der ihn sogleich in die Kölner Gesellschaft einführt. So nimmt Casanova zweieinhalb Monate am süßen Leben in Theatern und an den rauschenden Festen des Karnevals teil. Er lernt eine „interessante Schönheit“, die Frau des „Bürgermeisters X“ kennen. Diese ist recht eloquent und weiß, was sie will: „Konnte ich in Köln auf eine derart unverblümte Sprache gefaßt sei?“ Vor der nächsten Begegnung besichtigt er die „heroisch-komischen Wunderwerke Kölns.“ Einige Tage später folgt Casanova der „Madame X“ auf einen Maskenball mit Spielbank. „Ich begann damit, zehn Dukaten auf eine einzige Karte gegen die Bank zu setzen. [...] Im folgenden Spiel sprengte ich die Bank.“ Sie ist von dem Abenteurer beeindruckt: „Madame X hatte mich überzeugt, daß es sie glücklich machen würde, mich glücklich zu machen. Ich beschloß in Köln zu bleiben.“ Nun verhält es sich so, daß ihr Kabinett einen direkten Zugang über den Beichtstuhl zu einer benachbarten Kirche hat. „Der Teufel, der bekanntlich in der Kirche ein weit stärkerer Versucher ist als anderswo, gab mir in diesem Augenblick den Plan ein [...].“ Er wartet bis ihr Gatte auf Dienstreise geht. Dieser Tag kommt. „Man mag sich vorstellen, welche Wonnen wir miteinander in dieser glücklichen Nacht erlebten, aber man wird sie schwerlich in allen Einzelheiten erraten. Wir verbrachten sieben Stunden im trunkenen Glück [...].“ Bald muß er aber wieder abreisen. „Ich versprach ihr, nächstes Jahr wieder nach Köln zu kommen; aber verschiedene Zwischenfälle haben mich daran gehindert.“ Tatsächlich kommt er im Juli 1767 doch ein zweites Mal kurz nach Köln. Vermuteter Ort der „Wonnen“ ist die Küsterwohnung der Groteschen Familienkirche „Maria im Elend“ am ■ 16b Katharinengraben 3 [E8]. Die heutige Kirche ist ein Nachfolgebau. Die Identität der „Madame X“ ist nicht geklärt, sie kann aber nach Forschungen von Lokalhistorikern nicht die Frau des Kölner Bürgermeisters sein.

W: *Geschichte meines Lebens.* Memoiren 1798. **L:** *Köln, Blicke. Ein Lesebuch.* Hg. von J. Schimmang. Köln 1998.

17. Paul Celan

(1920 Czernowitz – 1970 Paris)

Das berühmte Gedicht *Todesfuge* von 1944/45 beeinflußt und verstört die Kultur im Nachkriegsdeutschland. Es behandelt eines der wesentlichen Grundthemen in Celans Dichtung: den Holocaust und den damit verbundenen Untergang des europäischen Judentums. Das Pseudonym Celan ist ein Anagramm aus der rumänischen Schreibweise Ancel seines Geburtsnamens Antschel. Der Lyriker, dessen jüdische Eltern 1942 deportiert und ermordet werden, überlebt die Arbeitslager und NS-Verfolgungen. Nach dem Krieg wohnt er in Paris und übernimmt die von ➛Hans Mayer im Jahre 1938 wahrgenommene Stelle als Lektor für Deutsch an der École Normale Supérieur in Paris. Celans besonderes Interesse gilt u. a. ➛Apollinaire, dessen Gedichtband *Alcools* er mehrfach in die deutsche Sprache überträgt. In den fünfziger und sechziger Jahren reist er einige Male zu Lesungen nach Deutschland. Auf diesen Reisen macht der Eisenbahnfahrer Celan mehrmals Station in Köln, wo er als Student schon im November 1938, nach der „Reichskristallnacht“, auf der Fahrt von Paris nach Czernowitz, vorbeikommt. 1959 trifft er den *Akzente* - Herausgeber ➛Hans Bender im ■ CR Café Reichard [H7] am Dom. In Köln schreibt er das im Band *Sprachgitter* erschienene Gedicht *Köln, Am Hof*, dessen letzte Strophe mahnend und düster erklingt: „Ihr Dome ungesehn, / ihr Ströme unbelauscht, / ihr Uhren tief in uns.“ Paul Celan leidet an schweren Depressionen und nimmt sich 1970 das Leben.

W: *Sprachgitter* 1959. **L:** John Felstiner: *Paul Celan. Eine Biographie.* München 1997.

18. Hilde Domin (1909 Köln)

Hilde Domin verbringt in Köln glückliche Kinder- und Jugendjahre und schöpft daraus für ihr späteres Leben im Exil eine große Kraft: „Irgendwann war ich zuhause, und auch gut zuhause. Davon lebe ich das Leben lang. Das war in Köln, in der ■ 18a Riehler Straße 23 [K8]. Dort haben mich meine Eltern mit dem Vertrauen versorgt, dem Urvertrauen, das unzerstörbar scheint und aus dem ich die Kraft des ‚Dennoch' nehme." In der angesehenen jüdischen Familie war der von ihr verehrte Vater Rechtsanwalt, ihre Mutter ausgebildete Opernsängerin. Nach dem Abitur studiert sie Rechtswissenschaften, Nationalökonomie und Soziologie in Köln, Heidelberg und Berlin. Angesichts der bedrohlichen politischen Verhältnisse verläßt sie Deutschland 1932 und geht mit ihrem späteren Mann Erwin Walter Palm nach Italien. Die Stationen im Exil beschreibt sie so: „In der Tat sind wir ja von Sprache zu Sprache gewandert [...]: zunächst in der italienischen, in der ich auch promoviert habe, an der Universität Florenz. Wie ich auch in der italienischen geheiratet habe." 1939 geht es weiter: „Von der französischen Sprache hörten wir dann hauptsächlich das Wort ‚merde', als wir durch Paris kamen auf der Fahrt nach England." 1940 flieht sie auf abenteuerlicher Schiffahrt, „bei der unser Schwesterschiff versenkt wurde", in Richtung Dominikanische Republik, welche Pate für ihr Pseudonym steht. Mit 39 Jahren entstehen ihre ersten Gedichte. Nach Deutschland kehrt sie 1954 zurück und lebt seit 1961 in Heidelberg. Seitdem wurde sie mit zahlreichen Literaturpreisen geehrt. Wenn sie sich zu Lesungen in Köln aufhält, dann übernachtet sie gern im Hotel Königshof, ■ 18b Richartzstraße / An der Rechtsschule [H7]. Eines ihrer schönsten Gedichte trägt den Titel ihrer Heimatstadt *Köln*: „Die versunkene Stadt / für mich / allein / versunken. // Ich schwimme / in diesen Straßen." Zum Entstehen dieses Gedichtes schreibt sie: „Es geht um meine Heimatstadt Köln, der Name der Stadt ist wie ein Anker [...]. Das versunkene Köln liegt auf oder auch in dem heutigen Köln, [...]. Das Ich des Gedichts schwimmt in den Straßen dieser Stadt."

W: *Höhlenbilder* 1951/52. *Nur eine Rose als Stütze* 1959. *Rückkehr der Schiffe* 1962. *Hier* 1964. *Gesammelte autobiographische Schriften* 1992. *Gesammelte Essays* 1992. *Der Baum blüht trotzdem* 1999. L: *Hilde Domin*. In: *Literatur in Köln*. LiK-Heft 12. 1980.

19. Fjodor Michailowitsch Dostojewski

(1821 Moskau – 1881 Moskau)

Im Juni 1862 begibt sich Dostojewski auf seine erste Auslandsreise, die ihn zweimal kurz nach Köln führt. Hier besucht er den ■ D Dom, den er bereits 1843 als technischer Zeichner im Moskauer Kriegsministerium „mit Ehrfurcht" nachzeichnete. Doch beim ersten Anblick des Originals ist er enttäuscht: „Er kam mir wie ein Galanteriegegenstand vor, der nur aus Spitzen und Spitzen und nichts als Spitzen bestand." Einen Monat später, von Paris kommend, ist er wieder in Köln. Sein Blick wandelt sich: „Da hätte ich ihn auch ‚kniend um Verzeihung bitten' mögen, weil ich seine Schönheit das erste Mal nicht begriffen hatte." Doch jetzt ärgert ihn der Beamte, der von ihm die Brückensteuer auf der Rheinbrücke verlangt, „als fordere er eine Strafzahlung für ein von mir unbewußt begangenes Verbrechen." Er hat solche oder ähnliche Erlebnisse sehr oft in Deutschland und schreibt seiner Freundin Polina Suslowa im August 1865, daß es für die „Deutschen kein größeres Verbrechen gibt, als ohne Geld zu sein und nicht pünktlich zu zahlen." Zu diesem Zeitpunkt ist Dostojewski wieder sehr knapp bei Kasse, bedingt durch die allzu riskante Spielleidenschaft des Dichters. Am 4. Januar 1866 verweilt er erneut in Köln, schreibt jedoch nichts über die Stadt.

W: *Winterliche Aufzeichnungen über sommerliche Eindrücke* 1863. Auch in: *F. Dostojewski. Der Spieler. Späte Prosa.* Berlin, Weimar 1994. L: Janko Lavrin: *Dostojevskij*. Hamburg 1986.

20. Meister Eckhart

(ca. 1260 Hochheim b. Gotha – 1328 Avignon)

1326 leitet der Kölner Erzbischof Heinrich II. gegen den dominikanischen Mystiker und Philosophen das gefährliche Inquisitionsverfahren wegen Häresie ein. Vor seinen Anklägern verteidigt sich Eckhart geschickt: „Wenn dennoch in [...] meinen Aussagen und Schriften etwas falsch sei, was ich nicht sehe, bin ich immer bereit, einer besseren Auffassung zu weichen. Große Materien nämlich können kleine Geister nicht bewältigen [...]. Irren kann ich nämlich, aber ein Häretiker kann ich nicht sein, denn ersteres gehört zum Interlekt, das zweite zum Willen." Als Student lernt Eckhart in Köln ➛Albertus Magnus kennen und ab 1320 lehrt er als Magister am ■ U1 „studium generale" [H7]. Seine Lehrtätigkeit zieht wiederum die Mystiker Heinrich Seuse

1322-26 und später Johannes Tauler 1339 in die Stadt. Nachweislich predigt er bei den Benediktinerinnen von **St. Marien**, heute: ■ 20 Machabäerkirche [H7], und bei den Zisterzienserinnen des **Klosters Mariengarten,** heute: Rückseite des ■ CR Café Reichard [H7]. Neu ist nicht nur der mystisch-theologische Inhalt seiner Predigten, sondern auch, daß er diese in der Volkssprache statt in Latein hält. Den Machthabern in Köln erscheint das verdächtig. Eckhart erreicht, daß sein Prozeß vor dem päpstlichen Hof in Avignon neu verhandelt wird. Bevor er 1329 schuldig gesprochen wird - 26 Sätze seiner Schriften werden als ketzerisch eingestuft - stirbt er in Avignon. Skulptur: ■ R Rathausturm [G8], 2. OG (Nordseite, Treppe zum Alter Markt).

W: *Rechtfertigungsschrift vom Jahre 1326* 1927. *Deutsche Predigten und Traktate* 1938. *Reden der Unterweisung* 1963. *Vom Wunder der Seele* 1971. *Von dem edlen Menschen* 1971. L: W. Trusen: *Der Prozeß gegen Meister Eckhart.* Stuttgart 1988.

21. Friedrich Engels

(1820 Barmen / Wuppertal - 1895 London)

Der Mitarbeiter des radikaldemokratischen Blatts *Neue Rheinische Zeitung* wirkt von August 1848 bis Mai 1849 mit seinem Freund, dem Chefredakteur ➛Karl Marx, in den Redaktionsräumen im 1. Stock der ■ 21a Unter Hutmacher Gasse 17 [G8], heute am Heumarkt 65 (Gedenktafel am Café Schulte). Die Druckerei befindet sich im Erdgeschoß des gleichen Hauses. Engels wohnt zeitweise ■ 21b In der Höhle 14 [G7/8] (Neubau). Den Zustand der Zeitung bezeichnet Engels als „einfache Diktatur von Marx." Engels lernt Marx bereits 1841/42 in den Philosophievorlesungen Schellings in Berlin kennen und publiziert seit 1839 - beeinflußt von ➛Freiligrath, Börne und Gutzkow - literarische Beiträge, Reisebilder und christlich-philosophische Aufsätze in liberalen Blättern. 1842 wird er, der als Kaufmann in der elterlichen Fabrikfiliale in Manchester arbeitet, von Marx als England-Korrespondent für die, von ➛Moses Heß gegründete, *Rheinische Zeitung* engagiert. Die Freundschaft und Zusammenarbeit mit Marx begründet den wissenschaftlichen Sozialismus. Der Kölner Armenarzt, Proletarierführer und Gründer des „Kölner Arbeitervereins" Andreas Gottschalk, damals wohnhaft Röhrergasse 12, kritisiert den „kühlen Evolutionismus" von Marx und Engels heftig: „Das Elend des Arbeiters, der Hunger der Armen hat für Sie nur ein wissenschaftliches, ein doktrinäres Interesse [...]. Sie sind nicht ergriffen von dem, was die Herzen der Menschen bewegt."

Nach dem Verbot der *Neuen Rheinischen Zeitung* im Mai 1849 wird Engels steckbrieflich gesucht: „Besondere Kennzeichen: Spricht sehr rasch und ist kurzsichtig". Im Juni 1849 kämpft Engels, wie ➛Raveaux, ➛Mathilde Franziska Anneke und ihr Mann Friedrich im badisch-pfälzischen Feldzug. Danach flieht er nach England, wird dort Teilhaber der väterlichen Textilfabrik und arbeitet zusammen mit Marx weiter an den Ideen des wissenschaftlichen Sozialismus.

E

W: *Lombardische Streifzüge.* Reisebild In: Athenäum 1841. *Schelling und die Offenbarung* 1842. *Die Lage der arbeitenden Klasse in England* 1845. *Die Hl. Familie oder die Kritik an der kritischen Kritik.* Zus. mit K. Marx 1845. *Die preußische Militärfrage und die deutsche Arbeiterpartei* 1845. *Der deutsche Bauernkrieg* 1850. **L:** H. Hirsch: *Engels.* Hamburg 1968.

22. Max Ernst

(1891 in Brühl b. Köln – 1976 Paris)

Der „Dada-Max" oder auch „Dadafex-Maximus", aufgewachsen in der Schloßstr. 5 in Brühl bei Köln, geht 1910 an die Universität Bonn mit dem Ziel, solche Fächer zu vermeiden, „die zum Broterwerb ausarten können". Er hört dort bis 1914 Vorlesungen in Philosophie, Philologie, Kunstgeschichte, Kriminal-Psychologie und Psychatrie und lernt ➛Luise Straus kennen, die er 1918 heiratet. In Bonn trifft er auch ➛Guillaume Apollinaire und August Macke. In Köln besucht er die Ausstellungen „Sonderbund" und „Werkbund", wo er die Bekanntschaft mit ➛Hans Arp macht. Ernst besucht die Künstlerkreise „Gereonsclub", ■ 22a Gereonsstr. 18-31 [H6], und den „Rheinischen Kunstsalon" am ■ 22b Hansaring 20 [I6]. Im ersten Weltkrieg schreibt er sarkastisch von der Westfront an die Familie: „Daß ich nicht tot bin, freut mich". 1916/17 trifft Ernst mit den Kölner Künstlern Käthe und ➛Carl Oskar Jatho zusammen. Es folgen gemeinsame vordadaistische Arbeiten mit dem Künstlerpaar Angelika und Heinrich Hoerle, Otto Freundlich, Franz Seiwert und ➛Theodor Baargeld. Die ersten Veröffentlichungen erscheinen in *Der Sturm* und *Der Ventilator*. Zusammen mit ➛Arp und ➛Baargeld gründet er 1919 die Kölner DADA-Gruppe „W/3", das W steht für Weststupidien (=Westdeutschland). Kurzfristig wird diese Gruppe auf „W/5" (zuzüglich der beiden Hoerles) erweitert. Sie treffen sich in der „DADA-Zentrale", der Wohnung von Ernst am ■ 22c Kaiser-Wilhelm-Ring 14 [H5] (zerstört), und im „DADA-Heim" bei den Hoerles in der **Bachemerstr. 243**. Sie geben die DADA-Zeitschriften *Bulletin D* und *schammade* heraus. Darin werden Ernstsche Texte, wie: „der profet vernimmt in der ohrmuschel den furor dadaisticus der neuen tiefschlürfenden Gemeinschaft [...] ubi bene ibi DADA", aber auch Texte von internationalen Künstlern wie André Breton oder Paul Eluard publiziert. Die Stadt Köln bewilligt 1919 eine Künstlerhilfe über 200 000 RM, von der auch die DADA-Gruppe Nutzen zieht. Besonders inspiriert wird Ernst durch einen Katalog der „Kölner Lehrmittel-Anstalt", dessen „Anzeigen von so verschiedener Natur (sind), daß die Absurdität ihrer Ansammlung blickverwirrend und sinnverwirrend wirkte". Die große DADA-Ausstellung im April 1920 im Lichthof des Brauhauses Winter, ■ 22d Schildergasse 37 [G7] (zerstört), provoziert derart, daß sie vorübergehend geschlossen wird. Bilder von Kindern und Geisteskranken werden als „Werke unbekannter Meister" einbezogen. Die *Rheinische Zeitung* schreibt: „Typisch für die nervöse Unrast eines Suchenden ist Max Ernst." Bald löst sich die DADA-Gruppe auf. Nach einer Affäre mit Gala Eluard 1922 trennt sich Ernst von seiner Frau Luise und zieht nach Paris. 1941 emigriert er in die USA und kehrt 1953 nach Paris zurück.

W: DADA-Texte in: *Bulletin D* 1919 und in: *schammade* 1920, *22 Mikroben*. Zus. mit H. Arp u. A. Fabri 1965. M. Ernst: *Schnabelmax und Nachtigall*. Bonn 1994. M. Ernst u. P. Eluard: *Das Innere der Sicht*. Köln 1972. L: W. Spies: *Max Ernst - Collagen, Inventar und Widerspruch*. Köln 1974. *Max Ernst in Köln. Die rheinische Kunstszene bis 1922*. Hg. von W. Herzogenrath. Köln 1980. *Fatagaga-Dada*. Hg. von K. Riha u. J. Schäfer. Köln 1995.

23. Eumenius **(260 n. Chr. Augustodunum (Autun) / Gallien (Frankreich) – ca. 311 n. Chr. / Ort unbekannt)**

Der römisch-byzantinische Kaiser Constantin der Große läßt im Jahr 310 n. Chr. in Köln eine Rheinbrücke bauen. Constantin zu Ehren befindet sich eine Skulptur auf dem Rathaus. Den Verlauf der Brücke kann man sich heute auf der gedachten Achse ■ 23a Salzgasse [G8] - römisches Kastell Divitia (Deutz), heute ■ 23b Lufthansagebäude am Kennedy-Ufer [G9] vorstellen. Der Dichter Eumenius stammt aus einer griechischen Familie und steigt bei den Römern zum berühmten Redner und Schriftsteller auf. Er begleitet Constantin zeitweise auf dessen Reisen. Es ist möglich, daß Eumenius auch Zeuge des Brückenbaus zu Köln wird. Zu Ehren Constantins hält er in Trier eine Prunkrede, die in den *Panegyrici Latini VII* überliefert ist. In ihr rühmt er auch den Bau der Kölner Rheinbrücke: „Aber du findest es schön, und es ist in der Tat schön, daß der Rhein nicht nur in seinem Oberlauf, wo er breit und seicht, oder aber nahe der Quelle, wo er noch sehr schmal ist, sondern durch die Brücke auch dort bezwungen wird, wo er in seiner ganzen Fülle dahinfließt [...]. Fürwahr, größter Constantin, die Natur selbst dient deinem Willen [...], wenn jetzt in der Tiefe der Strudel die Fundamente der so gewaltigen Pfeiler hinabgesenkt werden [...]." Über das weitere Leben des Dichters ist wenig bekannt.

W: *Panegyrici Latini I-XII* (310 / 311 n. Chr.).

24. Albrecht Fabri (1911 Köln - 1998 Köln) „Kann man Dichter besuchen? [...] In der Tat: wieso denn nicht? Sie brauchen dazu doch nur in Kürschners Literaturkalender die Adresse des betreffenden Dichters nachschlagen! [...] Er wird Ihnen Kaffee anbieten und sich mit Ihnen unterhalten“, schreibt Fabri in seinen *Variationen.* An einer anderen Stelle heißt es: „Der Dichter hört auf, Dichter zu sein, wenn er Besuch bekommt“ oder „Als Person des Zivilstandes gleichen Namens hat er eine Biographie, als Dichter nicht. Als Dichter ist er nicht weniger Kunstprodukt als das Gedicht selbst [...]. Es gibt ihn also eigentlich gar nicht [...] Armer Dichter? - Hat immerhin den Vorteil, daß kein Polizist ihn verhaften kann.“ Fabri studiert in den dreißiger Jahren in Köln und Bonn Germanistik (u.a. bei Ernst Bertram), Philosophie und Musikwissenschaft. Im Zweiten Weltkrieg ist er Soldat und wird 1946 aus der Kriegsgefangenschaft entlassen. Die Zeit danach faßt er selbst, Anfang der neunziger Jahre, zusammen: „[...] seit 1946 wieder in Köln und schreibt noch immer, wenn auch immer weniger, kürzer und knapper.“ Tatsächlich lehrt er bis 1957, zunächst an der Deutschen Buchhändlerschule in Köln, dann ein Jahr an der Hochschule für Gestaltung in Ulm. 1958 wohnt er in der **Goethestr. 8** (Rodenkirchen). In dieser Zeit arbeitet er als freier Lektor für verschiedene Verlage und schreibt Hörspielbeiträge für den ■ F WDR [H7] sowie Essays für Zeitschriften wie die *Deutsche Zeitschrift* und den *Merkur*. Zu seinen Freunden zählen so unterschiedliche Persönlichkeiten wie der Künstler →Max Ernst oder der Politiker Jürgen Wischnewski. Mit letzterem trifft er sich in der ■ 24a Trajanstr. 10, App. 410 [D9], unweit seiner bescheidenen Wohnung im Haus Baden, zeitweilig zwei Stockwerke unter →Irmgard Keun. In der Gaststätte von Winand Soenius ■ 24b Urbierring 58 [D9] (heute: Kneipe “Spielplatz”) bleiben sie gerne solange, bis der Wirt Soenius ein Machtwort sprechen muß: „Habt ihr keine Betten?“ (J. Wischnewski). Grab: **Südfriedhof.**

W: *Variationen* 1959. *22 Mikroben*. Zus. mit M. Ernst und H. Arp. 1965. *Was ist eigentlich ein Schriftsteller? Gerüst eines Vortrages* 1976. *Aphorismen, Aperçus, Mini-Prosa und Anderes* 1988. *Viererlei* 1989, *Hommage à Sackenheim* 1991. *Sprach- & Pinselspiele*. Zus. mit H. Trier 1995. *Divertimenti. Ausgewählte Texte aus fünf Jahrzehnten*. Hg. von P. Good. 1996.

25. Johannes Fastenrath

(1839 Remscheid - 1908 Köln)

Der Sprößling einer reichen Kaufmannsfamilie kommt 1847 nach Köln und lebt im Haus des Großvaters in der ■ 25a Mohrenstraße 10 [H6]. Nach dem Abitur auf dem Friedrich-Wilhelm-Gymnasium studiert Fastenrath von 1856 bis 1860 an den Universitäten in Bonn, Heidelberg, München und Berlin Rechtswissenschaften und arbeitet anschließend zwei Jahre als Auskultator am Kölner Landgericht. Seit 1861 wohnt er in der ■ 25b Christophgasse 12 [H/I6] (zerstört, heute: Gerling-Gebäude in der Christophstraße). Die Vermögensverhältnisse erlauben Studienreisen nach Wien, Budapest und Paris. Die erste Spanienreise von 1864 weckt eine lebenslange Leidenschaft für Spanien und die spanische Sprache, insbesondere andalusische Romanzen und Sonette. Er schreibt Beiträge für spanische Zeitungen, wie der Madrider *Argos*. Die Stadt Sevilla ernennt Fastenrath 1871 zum Ehrenbürger und Spanien würdigt Fastenrath bis heute mit der Vergabe des dort bedeutenden Fastenrath-Literaturpreises. In Köln heiratet er 1883 die österreichische Pianistin Louise Goldmann und gründet 1893 die „Literarische Gesellschaft" in Köln, die die Stadt mit renommierten Autoren wie Richard Dehmel bekannt macht. Angeregt durch die „Jochs florals" Kataloniens, den bis ins Mittelalter zurückreichenden Blumenspielen in Barcelona, initiiert Fastenrath 1899 die „Kölner Blumenspiele". Weit entfernt von einer bereits blühenden modernen Literatur in München oder in Berlin steht dieser Literaturwettbewerb in der Tradition mittelalterlicher Troubadourspiele, auf denen Gedichte und Lieder zur Erheiterung der Gesellschaft gefeiert werden. Die Kölner Autoren ➛Schneider-Clauß und ➛Ostermann gewinnen hier ihre ersten Preise. Die „Kölner Blumenspiele" selbst sind wiederum Vorbild für spätere Wettbewerbe im spanischen Zaragoza und im amerikanischen Baltimore. Ab 1901 wohnt Fastenrath in seinem repräsentativen Haus am ■ 25c Neumarkt 3 [G6/7] (heute: Kunsthaus Lempertz, Neumarkt 1). Grab (eingeebnet): **Melatenfriedhof (Lit. M, Nr. 54-56).**

W: *Ein spanischer Romanzenstrauß* 1866. *Immortellen aus Toledo* 1869. *Das Buch meiner spanischen Freunde* 1871. *Luther im Spiegel spanischer Poesie* 1880. *Aus spanischen Landen. Dichtungen aus Mexiko und Uruguay.* Nachgelassene Übersetzungen. Hg. von Louise Fastenrath. 1911. L: U. Vones-Liebenstein: *Johannes Fastenrath (1839-1908).* In: *Rheinische Lebensbilder*. Bd. 12. Köln 1991.

26. Venantius Fortunatus

(ca. 535 b. Treviso / Italien - ca. 600 Poitiers / Aquitaine, Frankreich)

Auf einer Pilgerwanderung zum Dank für die Heilung von einer vorübergehenden Blindheit kommt Fortunatus etwa 567 nach Köln. Hier empfängt er die Gastfreundschaft des Kölner Bischofs Carentinus, der als Kirchenbaumeister über Köln hinaus bekannt ist. Diesem schreibt Fortunatus folgendes Loblied: „Goldenen Kirchen gabst neue Pracht du und stattliche Stützen / Du strahlst selbst und gibst Glanz dem Haus des Herrn / Und damit größere Scharen von Gläubigen fassen die Kirchen / Werden in schwebender Höh' Säulenemporen gebaut". Vermutlich meint er die Petrus geweihte Kölner Bischofskirche auf dem Domhügel, etwa an der Stelle ihrer Darstellung auf dem Fußbodenmosaik im Chor des ■ D Domes. Wie lange Fortunatus in Köln bleibt ist nicht bekannt, aber noch im Jahre 567 erreicht er Tours in Frankreich. In seinen späteren Lebensjahren wird er vermutlich Bischof von Poitier. Sein literarisches, in lateinischer Sprache geschriebenes Lebenswerk, umfaßt elf Bücher mit Gedichten, Hymnen und Lebensbeschreibungen von Heiligen. Er ist einer der wenigen Dichter der Merowingerzeit, dessen Werke überliefert sind. Die Kirche spricht den tiefgläubigen Fortunatus heilig.

W: *Bücher I-VII* ca. 576. *Buch IX* ca. 585. *Buch X* ca. 591. *Vita S. Martini* und *Vita Radegundis* 573-577. L: J. W. George: *Venantius Fortunatus: A Latin Poet in Merovingian Gaul.* Oxford 1992.

27. Ferdinand Freiligrath

(1810 Detmold – 1876 Cannstadt)

Den Opfern der Märzrevolution in Berlin 1848 widmet der politische Dichter sein berühmtes Flugblatt *Die Todten an die Lebenden.* Hierin warnt er im Juli vor dem Scheitern der Revolution: „Weh euch, wir haben uns getäuscht! Vier Monden erst vergangen, und alles feig durch euch verscherzt, was trotzig wir errangen!" Sein enger Freund ➤Marx ist von seinen politischen Schriften begeistert und beruft ihn im Oktober 1848 nach Köln in die Redaktion der *Neuen Rheinischen Zeitung*, ■ 27a Unter Hutmacher Gasse 17 [G8], heute am Heumarkt 65 (Gedenktafel am Café Schulte). Freiligrath wohnt zuweilen in der **Kostgasse**, wo ihn auch der Student Gottfried Keller aus Zürich besucht und beim „roten Ferdinand" auf einem „superb gepolsterten Sopha" sitzt. Zum Verbot der *Neuen Rheinischen Zeitung* im Mai 1849 schreibt Freiligrath im Abschiedswort der letzten Ausgabe in roten Lettern gedruckt: „Wenn die letzte Krone wie Glas zerbricht / in des

F

Kampfes Wettern und Flammen, / wenn das Volk sein letztes Schuldig! spricht, dann stehn wir wieder zusammen!" Als Freiligrath 1851 im Kölner Kommunistenprozeß angeklagt wird, weilt er im Londoner Exil. In den nächsten Jahren distanziert er sich von den kommunistisch-revolutionären Gedanken. Er schreibt und übersetzt zahlreiche Autoren, u. a. ➛Victor Hugo. Marx ist sehr enttäuscht und beschimpft ihn als „der fette Reimeschmied" mit dem „bepißten Pudelbewußtsein". Dieser wehrt sich selbstbewußt: „Ich bin Dichter des Proletariats und der Revolution gewesen, lange bevor ich Mitglied des Bundes und Mitglied der Redaction der Neuen Rheinischen Zeitung war!" Am 24. Juni 1868 kommt Freiligrath noch einmal nach Köln und feiert im ■ G Gürzenich [G8] unter stillschweigender Duldung der Polizei das Wiedersehen mit über 200 Freunden und Genossen.

W: *Gedichte 1838/1839* 1986. *Das malerische und romantische Westfalen.* Zus. mit Levin Schücking. 1841/1974. *Ein Glaubensbekenntniß* 1844/1994. *Ça ira! Sechs Gedichte* 1846. *Die Todten an die Lebenden.* Flugblatt 1848. *Die Revolution.* Flugblatt 1848. *Blum. 16. November 1848.* Flugblatt. 1849. *Goethes Gruß zum „Kölner Mummenschanz". Fastnacht 1873.* 1873. L: *Ferdinand Freiligrath. Als Deutscher Achtundvierziger und Westfälischer Dichter.* Hg. von E. Kittel. 1960.

28. Goswin Peter Gath **(1898 Köln – 1959 Köln)**

Gath ist der Sammler, Überlieferer und Nacherzähler der *Kölner Sagen, Legenden und Geschichten.* Sein gleichnamiges Buch stammt aus dem Jahre 1939 und wird seither stets gut verkauft. Bereits in den dreißiger Jahren gehört Gath zur „Rheinischen Gruppe" und pflegt eine literarische Freundschaft mit ➛Albrecht Fabri. Gath arbeitet nach dem Krieg als Hörspielautor für den ■ F WDR [H7]. Er verfaßt zudem eigene Erzählungen und ist unter dem Pseudonym „Schang zum Vogelsang" jahrelang ein beliebter Mundartautor für den *Kölner Stadt-Anzeiger*, den *Heimatverein Alt-Köln* und für die *Kölnische Rundschau.* In der Stadt findet man viele Orte, die an die von Gath behandelten Sagen erinnern: den ■ 28a Jan-und-Griet-Brunnen [G8], den ■ 28b Heinzelmännchenbrunnen [H7/8] oder die ■ 28c Pferdeköpfe der Richmodissage [G6]. Seinen Wohnsitz hat er in der **Hauptstr. 196** in Sürth bei Köln. Grab (eingeebnet): **Melatenfriedhof (Flur 29, Nr. 326).**

W: *Kölner Sagen, Legenden und Geschichten* 1939/1994. *Kölner Domsagen* 1948. *Kölner Legenden* 1956. *Kölsch Galgespill.* Hörspiel 1956.

29. Johann Wolfgang von Goethe

(1749 Frankfurt – 1832 Weimar)

Im Juli 1774 besucht der 24jährige Dichter mit den Gebrüdern Jacobi aus Düsseldorf die Stadt Köln und die Domruine. Der schwärmerische, junge Mann ist beeindruckt: „Hier war abermals ein ungeheurer Gedanke nicht zur Ausführung gekommen." Nach dem Besuch des Hauses der Familie Jabach in der ■ 29a Sternengasse 25 [F7] (zerstört) schauen sie Rubens' Bild "Kreuzigung Petri" in der Kirche ■ 29b St. Peter [F/G7] an. Sie übernachten im Gasthof "Zum heiligen Geist" am **Thurnmarkt 16,** heute an der Stelle des "Roten Ochsen" am ■ 29c Thurnmarkt 7 [G8]. Jahrzehnte später gelingt es dem Dombauförderer Sulpiz Boisserée (Geburtshaus: Am Blaubach 14-16, Gedenkrelief), Goethes Interesse für den Kölner Dom neu zu entfachen und zeigt ihm 1811 auf seinem Besuch in Weimar Zeichnungen vom Dom. Der Minister Freiherr von Stein drängt Goethe 1815 erfolgreich zu einem zweiten Kölnbesuch, von dem er sich einen politischen Nutzen zur Rettung der rheinischen Kunstschätze verspricht. Sie residieren nun im vornehmen "Kaiserlichen Hof" in der ■ 29d Breitgasse 36 [G/H7] (zerstört, heute Breite Straße). Im ■ D Dom treffen sie vor Lochners Altar zufällig den Dichter ➛Ernst-Moritz Arndt. Stein beschwört diesen: „Liebe Kinder! Still! Still! Nur nichts Politisches, das mag er nicht!" Mit Stein besucht Goethe die Privatsammlung des Kaufmanns Lyversberg am ■ 29e Heumarkt 10 [G8] (zerstört) und die Kunstsammlung des Rektors der Grooteschen Familienkirche "Zum Elend", Gerhard Kunibert Fochem. Dieser wartet zunächst sehr ungeduldig: „Er führte sie in den Dom und zu Lyversberg, und ging an mich vorbei. Dies ärgert mich." Doch als sie ihn am nächsten Tag besuchen, sind sie „so unhöflich, mit Ihren beschmutzten Stiefeln auf meine seidenen Stühle zu steigen, um die Bilder [...] aus der Nähe zu betrachten". Hauptziel ist das Haus des Kunstsammlers ➛Franz Wallraf, **Am Hof 1**, heute: ■ 29f Wallrafplatz [H7]. Goethe bemängelt dessen Unordnung und das durch „Staub und Moder, durch Schieben, Reiben und Stoßen" die kostbare Sammlung an Wert verliert. Den Beckenrand des „Fastnachtbrunnens" auf dem ■ 29g Gülichplatz [G8] ziert die Antwort des Dichters auf eine Einladung des Festkommitees Kölner Karneval von 1825: „Löblich wird ein tolles Streben, wenn es kurz ist und mit Sinn. Heiterkeit zum Erdenleben sey dem flüchtgen Rausch Gewinn."

W: *Kunst und Altertum in den Rhein- und Maingegenden.* In: *Dichtung und Wahrheit.* 1816. L: Heinrich Düntzer: *Goethes Beziehungen zu Köln.* Leipzig 1885. K. O. Conrady: *Goethe. Leben und Werk.* München 1994.

30. Gottfried Hagen

(ca. 1230 vermutlich in Xanthen – 1299 Köln)

Das Motto seines *Boich van der stede Colne* lautet: „Solange Köln einträchtig ist, kann es nicht überwunden werden.“ Vergleichbar mit der *Koelhoffschen Chronik* (➛unbekannter Verfasser) und dem *Buch Weinsberg* für die beginnende Neuzeit ist Hagens Reimchronik eine einzigartige literarische Quelle über die politischen Verhältnisse Kölns im Hochmittelalter. Erstmals in der deutschen Literaturgeschichte werden hier die Geschicke einer Stadt in den Mittelpunkt gestellt. Hagen, ein uneheliches Kind eines Klerikers, der dem vornehmen Kölner Patriziergeschlecht der „Verscholder“ angehört, erhält auf Vermittlung der befreundeten Familie Overstolzen in der ■ 30a Rheingasse 10 [F/G8] (bis heute erhaltener romanischer Profanbau) eine Stelle als Pfarrer in ■ 30b Klein St. Martin [G8]. Ab 1271 ist er offiziell Kölns Stadtschreiber und Verfasser von volkssprachlichen Urkunden. Sein in über 6000 Versen verfaßtes *Boich* berichtet über den politischen Kampf zwischen der patrizischen Oberschicht und den Erzbischöfen, zwischen den rivalisierenden Bürgerfamilien oder über den Machtkampf der aufstrebenden Zünfte. Mit dem Vers 6287 schließt Hagen seine Chronik selbstbewußt: „Meister Gedefrit Hagene maichede mich alleine“. Im Alter beruft man ihn auf den ranghohen Posten des Dekan des ■ 30c Stifts St. Georg [F7/8]. Skulptur: ■ R Rathausturm [G8], 1. OG. (Nordseite, Treppe zum Alter Markt).

W: *Boich van der stede Colne.* Reimchronik 1270-72. *Volkssprachliche Urkunden* 1262-74. L: M. Grooten: *Gottfried Hagen.* In: *Rheinische Lebensbilder.* Bd. 17. Köln 1997.

31. Elisier ben Joel ha-Levi **(1140 Köln – ca. 1225 Köln)**

Die Kölner Judengemeinde ist eine der ältesten in Europa. Bereits im Jahr 321 n. Chr. verkündet der römische Kaiser Constantin in einem Dekret dem Kölner Stadtrat: „Allen Stadträten gestatten wir durch allgemeines Gesetz, die Juden in die Kurie [=Stadtrat] zu berufen.“ Der wirtschaftliche Aufschwung im Hochmittelalter ermöglicht eine kulturelle Blüte der Kölner Judengemeinde zwischen 1100 und 1350, die durch Namen wie ha-Levi, Abraham Achselrad, Ascher ben Jehid und Jakob ben Ascher repräsentiert wird. Die verheerenden Massaker von 1349 zerstören die jüdische Kultur dieser Stadt auf Jahrhunderte. Der Humanist Reuchlin (➛Hutten) und der Kölner Gelehrte ➛Agrippa von Nettesheim studieren intensiv die jüdischen Schriften, insbesondere die Geheimlehren der Kabbala. Elisier ben Joel ha-Levi, der Sohn des Kölner Rabbiners und einflußreichen Talmudkommentaristen Joel ben Isaak ha-Levi, wird nach langen Wanderjahren in

Deutschland und Frankreich um das Jahr 1200 Rabbiner in der Kölner Syngoge (zerstört) auf dem ■ 31a Rathausplatz [G8] (zu besichtigen ist noch die mittelalterliche Mikwe, das Judenbad im alten Rathaus). Elisier sitzt außerdem im Kölner Gemeindevorstand im Capitelhaus an der ■ 31b Ecke Judengasse / Portalsgasse [G8] (im 18. Jh. abgerissen). Seine halachischen Handbücher (Richtlinien, Gesetze) *Avi ha-Esri* und *Avi Asaf* sowie seine liturgischen Dichtungen beeinflussen maßgeblich die europäisch-jüdische Geistesgeschichte. Über die Verfolgungen der Kölner Juden während des ersten Kreuzzuges 1096 berichtet ein hebräisches Klagelied (*Kina*): „Wie hat sich Gottes Hand so schwer gelegt auf die hochgeschätzte, herrliche Gemeinde zu Köln! [...] Die tückischen Feinde verdammten sie zu Tode, stachen sie nieder mit Schwert und Lanze; dennoch blieb ihre Seele anhänglich ihrem Gotte [...].“

W: *Avi ha-Esri*. Halachisches Handbuch. 13. Jh. *Avi Asaf*. Halachisches Handbuch 13. Jh. 2 *Dismonim*. Dichtungen zur Beschneidungsfeier 13. Jh.1 *Akeda*. 13. Jh. *Kina*. Klagelied 13. Jh. **L:** *Cöln. Germania Judaica*. Tübingen 1963. *Köln und das rheinische Judentum. Festschrift Germania Judaica 1959-1984*. Köln 1984.

32. Ernst Hardt **(1876 Graudenz / Westpreußen - 1947 Ichenhausen bei Ulm)**

Bevor Ernst Hardt nach Köln kommt, ist er bereits durch seine erfolgreiche Novelle *An den Toren des Lebens*, das Drama *Tantris der Narr* und sein Wirken als Generalintendant am Nationaltheater in Weimar bekannt. Dem Kölner Bürgermeister Konrad Adenauer gelingt 1925 die Abwerbung an das Kölner Schauspielhaus, als deren Intendant Hardt jedoch erfolglos bleibt. Daher wird ihm 1926 bis 1933 die Leitung des Kölner Funkhauses der WeRAG (Vorläufer der WDR) in der ■ 32a Dagobertstr. 38 [I8] (zerstört) übertragen. In seiner Rundfunksendung „Lebende Dichter“ lesen u. a. Döblin, Ringelnatz, Zuckmayer und Lasker-Schüler. Eine besondere Vorliebe hat er für die Aufführung von Brecht-Stücken. Dieser schreibt ihm 1926: „[...] ich bin mit Ihren Ideen *sehr* einverstanden: je lebendiger und skrupelloser die Aufführung ist, desto besser.“ Hardt lebt und empfängt seine Gäste 1926 in der Wohnung **Gleuelerstr. 57** (Lindenthal), 1927 am **Bayenthalgürtel 37** (Bayenthal) und später in seinem Haus in der **Marienburgerstr. 20** (Marienburg). Nach der Machtübernahme durch die Nazis wird er 1933 abgesetzt und für einige Tage im Kölner Gefängnis ■ 32b Klingelpütz 51 [I7] (heute: Parkanlage), inhaftiert. Anschließend taucht er im St. Anna-Hospital in der **Herderstr. 32/34** in Köln-Lindenthal (heute: Altenheim) unter,

„um der SA nicht Vorschub zu leisten [...]. Außerdem war ich körperlich ziemlich übel dran.“ 1935 verläßt Hardt die Stadt.

W: *Lindberghflug*. Hörspiel. 1929. L: *Ernst Hardt. Dichter auf dem Intendantenstuhl*. Hg. vom WDR. Köln 1976.

33. Heinrich Heine

(1797 Düsseldorf – 1856 Paris)

Das Visum für Preußen wird ihm verweigert, doch Heine ist entschlossen: „Morgen um sechs Uhr fahre ich. Seit drei Tagen sind alle meine Gedanken schon in Deutschland“, hält Heine am 20. Oktober 1843 in Paris fest und gesteht, „daß sie sich dort schon zu langweilen beginnen.“ Auf der Hinfahrt nach Hamburg macht er am 24. oder 25. Oktober Station in Köln. Am 7. Dezember geht es wieder retour. Er erreicht Köln wieder am 12. Dezember und besucht dort den Publizisten Karl Theodor Andree in der Redaktion der *Kölnischen Zeitung*, ■ 33 Schildergasse 60 [G/H6] (zerstört), um diesen für eine Mitarbeit an den *Deutsch-französischen Jahrbüchern* zu gewinnen. Obwohl er auf dieser Reise quer durch Deutschland Köln nur kurz streift, sind es mehr als zwei Dutzend, allerdings wenig schmeichelhafte, Strophen in *Deutschland, ein Wintermärchen*, die er der Stadt widmet. Darin erinnert er an die Zeit ➛Huttens: „Hier haben die Dunkelmänner geherrscht, / Die Ulrich von Hutten beschrieben. // [...] Die Flamme des Scheiterhaufens hat hier / Bücher und Menschen verschlungen / Die Glocken wurden geläutet dabei / Und Kyrie Eleison gesungen.“ Heine besucht, wie auch bei seinen früheren Kurzbesuchen, den ■ D Dom. Er bezeichnet ihn als „kolossalen Gesellen“ und prophezeit: „In diesem Riesenkerker wird / Die deutsche Vernunft verschmachten!“ Er spottet über die geplante Dombauvollendung der „armen Schelme vom Domverein“. „Und wird der Dom ein Pferdestall“, so sinniert er, dann könnten „die heiligen drei Könige aus Morgenland“ doch woanders „logieren“. In Köln schätzt Heine besonders den Mitbegründer der inzwischen verbotenen *Rheinischen Zeitung*, ➛Moses Hess, als „eine der ausgezeichnetsten politischen Federn“. In Paris freundet er sich mit ➛Marx an. Marx meint, daß sein „brillanter Dichterwitz [...] den Blick auf die prosaische Wahrheit“ verstellt. Später entfremden sie sich.

W: *Deutschland, ein Wintermärchen* 1844. L: Lew Kopelew: *Ein Dichter kam vom Rhein. Heinrich Heines Leben und Leiden*. Berlin 1997. *Heinrich Heine. Säkularausgabe 2. Gedichte 1827-1844 und Versepen. Kommentar III*. Hg. von der Stiftung Weimarer Klassik und dem Centre National de la Recherche Scientifique in Paris. Berlin 1998.

34. Caesarius von Heisterbach (ca. 1180 Rheinland, vermutl. Köln - ca. 1245 Kloster Heisterbach, Siebengebirge)
Nach theologischen Studien an der Stiftsschule von ■ 34 St. Andreas (Komödienstraße) [H7] geht Caesarius auf Wallfahrt nach Südfrankreich und tritt 1199 in das Zisterzienserkloster Heisterbach bei Bonn ein. In seinen Chroniken berichtet er über wichtige Ereignisse im damaligen Köln, etwa über den Besuch des Zisterzienserabts Bernhard von Clairvaux: „Obwohl er französisch predigt, entzündet er das Volk, das überreich weint [...]“ und über die politischen Zustände nach der Ermordung des Kölner Erzbischofs Engelbert: „Da die Verhältnisse im Land durch die Bluttat in große Verwirrung geraten sind, setzen die Prioren den neunten Tag nach der Ermordung des Erzbischofs für eine Neuwahl fest.“ In den Erzählungen *Dialogus miraculorum* (Gespräch über wunderbare Geschehnisse), gedacht zur Erbauung seiner Klosterzöglinge, berichtet der Lehrer über eine Verführung: „Er traf dessen Frau allein auf den Stufen des Erkers an, geriet durch ihre Umarmungen und Küsse in Erregung und verging sich gegen seine Absicht mit ihr. Sogleich kam er zu mir gelaufen, als ob er Gift getrunken hätte, trank aus dem Quell der Beichte, spie das Gift aus, nahm seine Buße entgegen [...].“

H

W: *Dialogus miraculorum* 1219-23. *Libri VIII miraculorum* 1225/26. *Die wunderbaren Geschichten des Caesarius von Heisterbach*. Hg. von I. u. J. Schneider 1972.

35. Trude Herr
(1927 Köln - 1991 Lauris, Südfrankreich)
Ein Jahr vor ihrem Tod schreibt die legendäre „Duse von der Severinstraße“ an ihren Freund Wilhelm Hirschmann: „Ich muß es schaffen eine Schriftstellerin zu werden. [...] das Leben einer Schriftstellerin, die um die Welt zieht, ist nicht das Schlechteste.“ Aufgewachsen ist sie in der „Insel“, gemeint ist die Häusergruppe Nr. 329-341 an der **Kalk-Mühlheimerstraße** (nach Kriegszerstörung neu überbaut), ein Viertel für Arbeiter der Chemischen Fabrik Kalk, heute Stadtteil Buchforst. Der Vater, Lokführer und Kommunist, wird 1933 verhaftet. Nach dem Krieg wohnt die Familie in der **Mauenheimerstraße**. Trude Herr, die bereits als junges Mädchen von einer Schauspielkarriere träumt, bekommt 1946 ihr erstes Engagement als Statistin am „Theater am Vorhang“ in Aachen. 1948 spielt sie kleinere Rollen im „Millowitsch-Theater“ ■ 35a Aachenerstr. 5 [G5] in Köln, zusammen mit Gustl (Gustav) Schellhardt, der sie maßgeblich beeinflußt. 1949 gründen beide die „Kölner Lustspielbühne“, scheitern jedoch mit diesem Projekt, so

daß Trude Herr als Bardame in der Schwulenbar Barberina im 1. Stock im Eckhaus ■ 35b Hohe Pforte / Waidmarkt [F7] arbeiten muß. Diese, finanziell schwierige Situation beschreibt sie so: „Mieschtens wor ich avjebrannt / Mänchmol ben ich durchjebrannt / Wor jet frech un och jet stur / Doch nie wor ich ne Hur“. Ab 1954 tritt sie als dicke Ulknudel in der Bütt im Karneval auf und hat mit *Besatzungskinder* einen großen Erfolg. Es folgen Auftritte neben der berühmten Grete Fluss auf den Karnevalsrevuen im Varieté Kaiserhof ■ 35c Hohenzollern Ring 92 [H5]. 1958 löst sie sich vom bürgerlichen Karneval. Ein Jahr darauf gelingt mit *Ich will keine Schokolade, ich will lieber einen Mann* der große Durchbruch. Sie wohnt jetzt in der ■ 35d Großen Brinkgasse 26 [G6]. Inzwischen entdeckt, spielt sie in über 25 Unterhaltungsfilmen u.a. mit Heinz Erhardt. Sie gründet mit ihrem Geschäftspartner Karl Seemann 1977 das „Theater im Vringsveedel“ in der ■ 35e Severinstr. 81 [D8] (heute: Kino Odeon), um dort, nicht selten als herrische Prinzipalin, ihre 15 eigenen Stücke mit großem Erfolg aufzuführen. Bald ist die Kettenraucherin, die gerne gut ißt und trinkt, körperlich erschöpft. 1987 übersiedelt sie in die Südsee, nach Vitu Levi, Hauptinsel der Fidschis, und widmet sich ihren Erzählungen. Als Abschied von Köln produzieren Tommy Engel und Wolfgang Niedecken mit ihr den Hit *Niemals geht man so ganz.* 1988 erhält sie das Bundesverdienstkreuz. Kurz nach ihrem erneuten Umzug in ein Hotel in Lauris in der Nähe von Aix-en-Provence stirbt sie. Denkmal: ■ 35f „Trude-Herr-Park“ [E8] in der Südstadt. Urne: **Nordfriedhof / Nippes.**

W: *...und plötzlich kippt es um. Zwei Erzählungen: Max und Agathe I. Das Camp und die Wüste* 1987. Theaterstücke: *Familie Pütz* 1972. *Scheidung auf kölsch* 1973. *Die kölsche Geisha* 1977. *Massagesalon Denz* 1979. *Drei Glas Kölsch* 1980. *Der zweite Frühling* 1986. *Ich sage was ich meine.* Lieder 1987. L: Gérard Schmidt: *Trude Herr. Ihr Leben* Köln 1991. *Trude Herr. Ein Leben.* Hg. von H. Bentel u. A. B. Hagin. Köln 1997.

36. Moses Hess (1812 Bonn – 1875 Paris)

Der philosophische und politische Vorkämpfer des Sozialismus wächst in Bonn auf und arbeitet später im Kölner Handelskontor seines Vaters, der im ■ 36a Domhof 8 [H8] eine Zuckersiederei (abgerissen) betreibt. Hess wohnt zunächst in der ■ 36b Bürgerstr. 22 [G8] und später in der Martinsabteigasse (existiert nicht mehr). Nach einem Philosophiestudium in Bonn ist Hess 1841 Mitbegründer der *Rheinischen Zeitung* und arbeitet mit ➛Marx in den Redaktionsräumen ■ 36c Schildergasse 99 [G7] (zerstört). Seinem Freund Berthold Auerbach offenbart er prophetisch: „Marx, so heißt mein Abgott, ist noch ein ganz junger Mann (etwa 24 Jahre höchstens alt), der der mittelalterlichen Religion und Politik den letzten Stoß versetzen wird [...] denke Dir Rousseau, Voltaire, Holbach, Lessing, Heine und Hegel in einer Person vereinigt." Hess ist es, der ➛Engels maßgeblich beeinflußt: „[...] wir sprachen über die Zeitfragen, und er, ein Anno-I-Revolutionär, schied von mir als allereifrigster Kommunist. So richte ich Verwüstungen an." 1845/46 gibt er mit ➛Engels den *Gesellschaftsspiegel* heraus, ein bedeutendes Forum der Sozialkritik in den Vormärz-Zeiten. Nach dem Scheitern der Revolution von 1848 versucht er in Köln die *Rheinische Zeitung* neu zu beleben, doch die politische Situation zwingt ihn 1849 zur Flucht in die Schweiz. Später arbeitet er in Paris für verschiedene deutsche Zeitungen als Korrespondent. Der engagierte Zionist tritt in vielen Schriften für einen Staat Israel ein, insbesondere in der 1861 in Köln herausgegebenen Schrift *Rom und Jerusalem. Die letzte Nationalitätsfrage*. Zeitgenossen nennen ihn auch den „Rabbi des Kommunismus". Hess wird auf eigenen Wunsch neben seiner Mutter in Köln-Deutz beerdigt. 1961 werden die sterblichen Überreste nach Israel überführt. Gedenktafel: auf dem jüdischen Friedhof in Deutz.

W: *Die heilige Geschichte der Menschheit.* Anonym veröffentlicht 1837. *Die europäische Triarchie.* Anonym veröffentlicht 1841. *Socialisme et communisme* 1843. *Die letzten Philosophen* 1845. *Jugement dernier du vieux monde social* ca. 1851. *Rom und Jersusalem. Die letzte Nationalitätsfrage* 1857. **L:** *M. Hess: Ausgewählte Schriften.* Ausgewählt und eingeleitet von H. Lademacher. Köln 1962.

37. Victor Hugo **(1802 Besançon - 1885 Paris)**

In *Le Rhin*, einem Höhepunkt der romantischen Reiseliteratur, berichtet Hugo von seiner zwei Monate dauernden Rheinreise im Sommer 1840. „Ich kam in Köln kurz nach Sonnenuntergang an. Augenblicklich schlug ich den Weg nach der Kathedrale ein [...]. Aber ich kannte diese verworrene Stadt nicht, die Schatten des Abends senkten sich auf die engen Gassen [...] und so irrte ich lange genug auf gut Glück herum. Endlich [...] im geisterhaften Helldunkel der Abenddämmerung, erhob [...] sich [...] eine ungeheure schwarze Masse [...]." Hugo übernachtet in einem Gasthof in Deutz (zerstört), heute: ■ 37 Kennedy-Ufer 2a [H9] vor dem Hyatt-Hotel: „Besser in Deutz wohnen und Köln sehen, als in Köln wohnen und Deutz sehen." Hier geht er „abends, als die Sterne glänzten" spazieren: „Vor meinen Augen lag die Stadt, deren zahllose Giebel und dunkle Türme sich mit allen ihren Einzelheiten [...] abzeichneten." Anderntags besucht er das ■ R Rathaus [G8]: „Das Rathaus [...] ist eines jener überraschenden Misch-Gebäude, aus

Stücken aller Zeiten und aller Stile bestehend [...] und das 14. Jahrhundert erbaute einen schönen Turm, bürgerlich und feudal zugleich." Köln, „eine Stadt des Handels und der Träume", empfängt ihn lebendig und pulsierend: „Alle Straßen wimmeln, alle Kreuzwege sprechen, alle Dächer tönen [...]. Der Geist des Positivismus und des Utilitarismus dringt ein und erfüllt es." Kölns Geschäftssinn zeigt auch seine unangenehmen Seiten: „An den Rheinufern [...] ist das Trinkgeld eine sehr ungelegene Stechfliege." Hugo rechnet die Trinkgelder eines Tages in Köln zusammen: „So hat man 18 Trinkgelder in einem Tage. Ziehen Sie hiervon die Kirche, als sehr teuer ab, so bleiben noch immer neun [...] und Sie bekommen eine sehr beunruhigende Summe. Vergessen Sie auch nicht, daß jedes Trinkgeld ein Silberstück sein muß. Sous und Kupfermünzen sind wie Kehricht und Späne." Hugo bleibt nicht zwei Wochen, wie geplant, sondern reist „nach einer Woche ewigen Regens und Unwetter" mit dem Dampfschiff weiter, rheinaufwärts, nach St. Goar.

W: *Le Rhin* 1842. Titel der deutschen Übersetzung: *Rheinreise.* Frankfurt a. M. 1982.

38. Ulrich von Hutten (1488 Burg Steckelberg, Schlüchtern - 1523 Insel Ufenau, Zürichsee)
Als Mitautor der 1517/18 anonym veröffentlichten Dunkelmännerbriefe *Epistolae obscurorum virorum* (Hauptverfasser ist der Erfurter Humanist Crotus Rubeanus) schöpft der Versdichter, Humanist und Reformator Hutten auch aus seinen Erfahrungen als Latein- und Griechischstudent im Jahr 1505 an der Artistenfakultät der Kölner Universität in der ■ 38 Stolkgasse [H7] (abgerissen, heute etwa bei Nr. 21-23). Diese „Briefe" tragen fingierte Absender und Adressen und stellen seitens der Humanisten einen satirischen Hieb gegen die intoleranten Gelehrten dar, namentlich gegen Magister Ortwin Gratius in Köln. In ihrer Polemik sind Huttens „Briefe" mit der *Declamatio* des ➛Agrippa von Nettesheim verwandt. Beide sind Verehrer des Humanisten Johannes Reuchlin, einem Kenner der Kabbala und Streiter für Toleranz gegenüber dem Judentum. Symptomatisch ist der „Pfefferkorn-Reuchlin-Streit", in dem der Kölner Johannes Pfefferkorn, ein zum Christentum konvertierter Jude, sich antijüdisch exponiert und Reuchlin heftig attackiert. Über die Kölner Theologen, die Pfefferkorn nahestehen, schreibt Hutten: „[...] die Barbaren, die blauen Dunst der Theologie vormachen [...] die Frechheit dieser verdorbenen Gesellschaft wächst ins unangemessene [...]." Auch Pfefferkorn kriegt Pfeffer ab, in einem, an Magister Ortwin „mit so viele Grüßen, wie in einem Jahre Mücken und Flöhe geboren

werden“ adressierten Brief: „Es befindet sich hier ein Geselle, der kürzlich aus Köln angekommen und Euch wohlbekannt ist [...]. Dieser sagt, daß ihr die Frau des Johannes Pfefferkorn beschlaft [...].“ Hutten verspottet Köln: „So viele Wassertropfen sind im Meer, / So groß im heil’gen Köln das Kuttenheer, / So dicht voll Haar das Fell des Esels ist.“ Seit 1520 wird der Dichter von der Inquisition verfolgt. Auf dem Reichstag zu Worms 1521 setzt sich Hutten vergeblich bei Kaiser Karl V., der während seines Köln-Aufenthaltes 1519 Martin Luther öffentlich verdammt, für den Reformator ein. Danach muß Hutten in die Schweiz fliehen. Luther hält sich übrigens 1512 kurz in Köln auf und übernachtet im Kloster der Augustiner-Eremiten (zerstört, nahe bei St. Maria im Capitol). Höhepunkt des Kölner Konfessionsstreites ist das Jahr 1529: Der, Luther und auch Hutten nahestehende, protestantische Prediger Adolf Clarenbach und sein Student Peter Fliestedten werden wegen Ketzerei auf der Richtstätte Melaten (Melatenfriedhof) verbrannt.

W: *Querelen gegen die Lötze* 1510. *Ars versificandi*. Anleitung für Poeten in Hexametern 1511. *Epistolae obscurorum virorum*. Zus. mit Crotus Rubeanus 1515-18. *Vadismus*. Eine Schrift gegen den Papst 1520. L: Otto Flake: *Ulrich Hutten*. Frankfurt a. M. 1985.

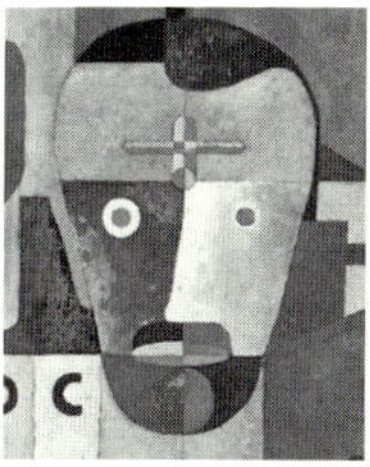

39. Carl Oskar Jatho (1884 Bukarest – 1971 Köln)
Die Familie des Vaters, einem protestantischen Pfarrer, bezieht 1891 ein Haus in der ■ 39a Domstr. 33 [I8]. Als kleiner Junge besucht Jatho die Kolumbaschule am ■ 39b Kolumbahof 3 [G7] (Gedenktafel am Neubau erinnert an ➛Kolping und die Gründung des Gesellenvereins). Der Schulweg führt demnach quer durch die Altstadt auf die andere Seite des Domes. Jatho schreibt in *Kindheit am Rhein*: „Der Lieblingszeitvertreib nämlich auf dem Schulweg war das Versteckspiel in dem labyrinthischen Geräume der damaligen Altstadt.“ Später zieht die Pfarrersfamilie in die **Gleuelerstr. 175** in Köln-Lindenthal. Jatho studiert Kunst und Architektur in Marburg, München und Berlin. 1916/17 gründet er mit seiner Frau Käthe in ihrer Wohnung in der ■ 39c Moltkestr. 8 [G4] (Jugendstilhaus, heute Kunstort: „Moltkerei Werkstatt“) einen Künstlerzirkel. In diesem Kreis lernt er ➛Max Ernst kennen, und es entsteht eine enge Freundschaft mit dem Kölner Künstler Franz Seiwert. Später wohnt Jatho am ■ 39d Hildeboldtplatz 21 [H5]. Er verfaßt Essays, Erzählungen und Gedichte. Grab: **Melatenfriedhof (Flur 73A)**.

W: *Frankreich. Ein Reisebuch* 1929. *Das Gartengespräch. Ein rheinischer Zyklus* 1946. *Das Geheimnis der Kathedrale. Die Petruspforte des Kölner Domes* 1948. *Eine Stadt von Welt. Köln vordem und hernach* 1958. *Franz Wilhelm Seiwert* 1964. *Kindheit am Rhein* 1969.

40. Hermann Joseph (ca. 1155 Köln – ca. 1241 Hoven bei Zülpich)
Warum heißen so viele Kölner Männer mit Vornamen Hermann-Joseph? Es ist der im Volk verehrte Mystiker und Hymnendichter Hermann Joseph von Steinfeld, der hier Pate steht. An seinem vermuteten Geburtshaus wird 1778 eine Gedenktafel angebracht, ■ 40a Stephanstr. 2 [F7] (zerstört): „Im Jahre 1150 wurde der selige Hermann Joseph nach alter Überlieferung in diesem Haus geboren". Zur Schule geht er nahe der Kirche ■ K2 St. Maria im Kapitol [F/G8]. Vor der Madonna dieser Kirche glaubt er, eine Vision zu haben: Er reicht dem Jesuskind einen Apfel, den dieses, plötzlich lebendig, dankbar annimmt. Bis heute liegt vor der Madonna ein frischer Apfel. Mit zwölf Jahren tritt Hermann in das Kloster Steinfeld ein. Seine späteren Hymnen sind persönliche Ansprachen an Christus, Maria und die heilige Ursula. Auf ihn geht auch die „Herz-Jesu-Verehrung" zurück. Die Kirche spricht ihn 1958 heilig. In der Zeit der Romantik erlebt der Hermann-Joseph-Kult seine Blütezeit. Ein spätes Zeugnis davon ist der ■ 40b Hermann-Joseph-Brunnen [F7] am Waidmarkt, den Kölns Verschönerungsverein Ende des 19. Jahrhunderts aufstellen ließ.

W: *Summi regis cor* und andere Hymnen sowie eine *Vita* ca. 1220. L: *Die Vita des Prämonstratensers Hermann Joseph von Steinfeld.* Hg. von K. Koch u. E. Hegel. Steinfeld 1958.

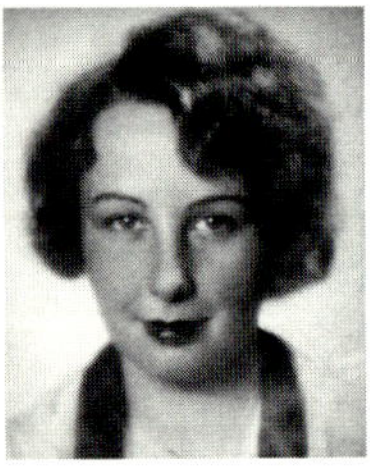

41. Irmgard Keun (1905 Berlin - 1982 Köln)
Eine unbekannte, erst 26-jährige Autorin reicht 1931 dem Universitas-Verlag in Berlin das Manuskript *Gilgi - eine von uns* mit den Worten „wünsche bis spätestens übermorgen Antwort" ein. Der antwortet prompt: „Bitte sofort kommen und Vertrag machen!" Eine Erfolgsstory beginnt. Ein Jahr darauf veröffentlicht Irmgard Keun den zweiten, in viele Sprachen übersetzten, verfilmten und bis heute am Theater gespielten Welterfolg *Das kunstseidene Mädchen.* Doris, die Titelfigur, hat ein Ziel: „Und ich werde Glanz." Ihre Meisterschaft sind die treffenden Milieuschilderungen und das sinnlich-ironische Zeichnen ihrer Figuren. Beide Romane sind Schlüsselwerke der „Neuen Sachlichkeit". Tucholsky schreibt in der Weltbühne: „Eine schreibende Frau mit Humor, sieh mal an! Hurra! Hier ist ein Talent." Von Berlin kommend, zieht die Familie des Fabrikanten Eduard Ferdinand Keun, dem Leiter der „Cölner-Benzin-Raffinerie", 1918 in die **Eupener Straße 19** in Köln-Braunsfeld. Nach dem Abitur beginnt Keun mit der Schauspielschule in Köln. In den zwanziger Jahren folgen Engagements in Hamburg, Greifswald sowie Aufenthalte in Berlin. Alfred Döblin prophezeit ihr: „Wenn Sie nur halb so gut schreiben, wie Sie sprechen, werden

Sie die beste Schriftstellerin Deutschlands." Die Nationalsozialisten setzen ihre „Asphaltliteratur mit antideutscher Tendenz" auf die Liste verbotener Werke. Eine Ehe mit dem Regisseur Johannes Tralow zerbricht. Ihre Liebe gilt auch dem jüdischen Arzt Arnold Strauß, der 1934 in die USA ausreist und sie finanziell unterstützt. Keun emigriert 1935 nach Belgien. Spätere Stationen sind u.a. Holland, Frankreich, Polen und die USA. Im Exil lebt sie 1935 bis 1938 mit Joseph Roth zusammen: „Meine Haut hat sofort ja gesagt". Sie kann Romane wie *Nach Mitternacht* und *D-Zug dritter Klasse* in Emigrantenverlagen veröffentlichen. 1940 meldet die Weltpresse ihren Freitod als „Doppelselbstmord" mit Walter Hasenclever. Nachrufe auf „das Wunderkind der deutschen Literatur" werden verfaßt. Die Todeserklärung nutzt sie, um ab 1940 unerkannt wieder bei ihren Eltern in Deutschland zu leben. Nach dem Krieg lebt sie im Souterrain des zerbombten Elternhauses und schreibt Satiren. 1951 wird ihre Tochter Martina geboren. In Köln liest sie 1952 gemeinsam mit →Heinrich Böll und →Paul Schallück. Das Nachkriegsdeutschland bleibt ihr fremd. Sie zieht sich zurück und kämpft mit Armut und Alkoholproblemen, die 1966-1972 zu Klinikaufenthalten in Düren (sechs Monate) und in Bonn führen. Dort wohnt sie anschließend in einem kleinen Dachzimmer. →Wilhelm Unger besorgt ihr 1977 in Köln das Appartment 603 in der ■ 41 Trajanstraße 10 [D9] im „Haus Baden". Einer ihrer Nachbarn in diesem Haus ist →Albrecht Fabri. Erst 1979, drei Jahre vor ihrem Tod, wird Irmgard Keun als Schriftstellerin wiederentdeckt. Skulptur: ■ R Rathausturm [G8], 4. OG (Südseite neben Böll). Grab: **Melatenfriedhof (Flur 12 in G, parallel zu Weg E).**

W: *Gilgi - eine von uns* 1931. *Das kunstseidene Mädchen* 1932. *Das Mädchen mit dem die Kinder nicht verkehren durften* 1936. *Nach Mitternacht* 1937. *Kind aller Länder* 1938. *D-Zug dritter Klasse* 1938. *Bilder und Gedichte aus der Emigration* 1947. *Ferdinand, der Mann mit dem goldenen Herzen* 1950. *Blühende Neurosen. Flimmerkisten-Blüten* 1962. *Als ich Bazillenträger war* 1985. L: H. Beutel u. A. Hagin: *Irmgard Keun. Zeitzeugen, Bilder und Dokumente erzählen.* Köln 1995.

42. Adolf Kolping (1813 Kerpen - 1865 Köln)
Während seines Aufenthalts 1980 in Köln besucht Papst Johannes Paul II. das Grab Kolpings in der ■ K3 Minoritenkirche [H7] und würdigt den katholischen Sozialreformer: „Solche Leitbilder wie Adolf Kolping brauchen wir [...]." Eine solche Ehrung liegt noch in weiter Ferne, als der dreizehnjährige Sohn eines armen Schäfers im Dorf eine Lehre beim Schuhmachermeister beginnt. Über zehn Jahre arbeitet Kolping

in diesem Handwerk. Der Monotonie des Arbeitslebens und der trinkfreudigen Geselligkeit seiner Kollegen entflieht er in die Welt der Bücher. Später erinnert er sich: „[...] vereinsamt unter meinen Standesgenossen, an eine Lebensweise gebunden, die mir allmählich Grauen einflößte, und doch keinen Ausweg vor mir, aus diesem Labyrinth zu entkommen [...]". Kolping nimmt Privatunterricht, und so gelingt ihm in einem Alter, in dem andere bereits ein Studium abschließen, die Aufnahme in die Tertia des ■ J Marzellengymnasiums [H7]. Mit 28 Jahren besteht er das Abitur und studiert, bis zu seiner Priesterweihe 1845, Theologie und Philosophie in München und Bonn. Als Kaplan in Elberfeld lernt er die Not der Arbeiter kennen. Im Unterschied zu den Theoretikern ➛Marx und ➛Engels oder dem Politiker ➛Bebel setzt Kolping weniger auf politische Reformen oder gar Revolutionen sondern mehr auf praktische Hilfe, um die Situation der Arbeiter zu verbessern. 1849, inzwischen Vikar am Kölner Dom, gründet er mit sieben Gesellen am 6. Mai, dem gleichen Tag, an dem Marx seine Ideen im Gürzenich verkündet, in der Kolumbaschule am ■ 42a Kolumbahof 3 [G7] (zerstört, Gedenkrelief) den Kölner Gesellenverein, nach 1852 mit Sitz in der ■ 42b Breite Straße 118 [G6] (zerstört, heute befindet sich das Kolping-Haus in der St. Apernstr. 32). Zudem verfaßt der Schriftsteller Kolping christlich motivierte Erzählungen und gründet als Verleger die Zeitung *Rheinische Volksblätter für Haus, Familie und Handwerk* mit Redaktionssitz im Verlag Bachem in der ■ 42c Marzellenstr. 20 [H7]. Mittels dieser Zeitung wirbt er geschickt für die Idee des Gesellenvereins. 1862 wird er zum Rektor der Minoritenkirche berufen. Als er stirbt, gibt es bereits über 400 Gesellenvereine im In- und Ausland. 1991 wird Kolping von der katholischen Kirche selig gesprochen.

W: *Der Gesellenverein* 1849/1950. *Ein katholisches Volksbuch für die Großen und die Kleinen* 1853-55. *Kalendergeschichten aus dem Jahre 1854*. *Lebensbilder* 1860. *Erzählungen* 1861. *Erzählungen* 1862-63. L: V. Conzemius: *Adolf Kolping*. Hamburg 1982.

43. Heinz G. Konsalik

(1923 Köln - 1999 Himmelreich bei Salzburg)

„Ich habe Auflagen, von denen Grass und Böll nur träumen können." Tatsächlich erreicht Heinz Günther, der sich nach dem Mädchennamen seiner Mutter Konsalik nennt, mit über 90, teilweise jedoch im Autorenkollektiv verfaßten, Romanen eine Gesamtauflage von vielen Millionen Exemplaren. Seine biographischen Angaben bleiben fragwürdig und ohne Belege. Das Geburtsdatum hat er selbst einmal von 1914 auf 1921 korrigiert, eine neuere Studie gibt 1923 als Geburtsjahr an. Vermutlich hat er sich früher gerne „älter gemacht", um die „Kompetenz seiner Beiträge" für die Zeitschrift *Der Zwiebelfisch* im Jahr 1947 zu erhöhen. Der phantasiebegabte Konsalik besucht das reformierte Realgymnasium in der ■ 43 Humboldtstr. 41 [F5]. Eigenen Aussagen zufolge träumt er als Jugendlicher davon, „Arzt, Dirigent, Sänger oder Dramaturg" zu werden, und veröffentlicht bereits als Sechzehnjähriger erste Erzählungen. Er studiert bis zur Einberufung in Köln, München und Wien zunächst Medizin, dann Germanistik, Theaterwissenschaften und Literaturgeschichte. Als Soldat wird er im Zweiten Weltkrieg an der Ostfront verwundet. Nach seiner Version ist er Kriegsberichterstatter. Konsalik arbeitet 1950 als Redakteur für das Kölner Unterhaltungsmagazin *Lustige Illustrierte* und lebt seit 1951 als freier Schriftsteller. Der weltweite Durchbruch gelingt mit *Der Arzt von Stalingrad*. Zur Gunst beim Leser und Mißgunst bei der Kritik sagt er später: „Daß ich so schreibe, wie mein Leser denkt und spricht. Darum hält mich die Literaturkritik für trivial. Ich werde nie einen Nobelpreis kriegen." Aber „die Schreibmaschine", wie Konsalik genannt wird, bekommt den Bayrischen Verdienstorden. Seinem Wunsch gemäß wird er neben seinem Kölner Freund Willi ➛Millowitsch auf dem **Melatenfriedhof (Flur 69 A)** begraben.

W: *Liebesspiel in Jubilalar* 1948. *Warum hast du es getan, Manon?* 1952. *Schwarzfahrt aus Liebe* 1954. *Die verliebten Abenteuer des Mr. Flip* 1954. *Der Arzt von Stalingrad* 1958.
L: A. U. Martens: *Heinz G. Konsalik - Porträt eines Bestseller-Autors*. München 1991.

44. Lew Kopelew
(1912 Kiew - 1997 Köln) und
Raissa Orlowa Kopelew
(1918 Moskau - 1989 Köln)

Die Familie ➛Böll empfängt im Herbst 1980 am Frankfurter Flughafen die aus Moskau Ausgebürgerten: den Schriftsteller Kopelew und seine Frau, die Schriftstellerin Raissa Orlowa. Lew Kopelews erster Eindruck ist: „Die Straße Frankfurt-Köln erinnert stellenweise an Georgien, leicht gewellte Hügel, überraschend das viele Grün, wir haben doch November." Sie kommen vorerst in Bölls Haus in Langenbroich unter und beziehen ab 1981 eine eigene Wohnung in Köln, in der **Eugen-Langen-Str. 29** (Marienburg). „Wie in Moskau, war auch in den Kölner Jahren der zentrale Platz in der Wohnung des Ehepaares Orlowa / Kopelew die Küche", so ihr Freund Klaus Bednarz. Im Februar 1982 erlebt Lew Kopelew erstmals den Kölner Karneval: „Ich habe mehrmals was an die Stirn und Nase gekriegt, mal ein Bonbon, mal ein Päckchen Waffeln, und auch eine Tafel Schokolade traf." Hier „denke ich nicht daran, daß morgen oder übermorgen eine Hausdurchsuchung stattfinden könnte." 1982 zieht das Schriftstellerpaar in die **Neuenhöferallee 2** (Lindenthal) um. „Wir liebten Köln und viele Kölner: Annemarie und Heinrich Böll und ihre Söhne [...]. Wir wurden Kölner und blieben Moskauer [...]." Neben dem Schreiben widmet sich Kopelew vielen weiteren Tätigkeiten, wie einer Gastprofessur in Göttingen, einer Forschungsprofessur in Wuppertal und zahlreichen Vorträgen im In- und Ausland. In Briefen an Gorbatschow setzt er sich - 1989 erfolgreich - für seinen Freund Sacharow und andere Dissidenten ein. Ihre Urnen befinden sich im Moskauer Donskoje-Kloster. In Köln erinnert das Lew Kopelew-Forum am ■ 44 Neumarkt 18 [G6] (in der Passage) an die Schriftsteller. Hier finden heute Lesungen und Vorträge statt.

Lew Kopelew: W: *Tröste meine Trauer. Autobiographie 1947-1954* 1981. *Ein Dichter kam vom Rhein. Heinrich Heines Leben und Leiden* 1981. *Warum haben wir aufeinander geschossen.* Zus. mit H. Böll 1981. *Antikommunsimus in Ost und West.* Zus. m. H. Böll und H. Vormweg 1982. *Der Wind weht wo er will. Gedanken über Dichter* 1988. *Und dennoch hoffen. Texte der dt. Jahre* 1991. *Waffe Wort* 1991. *Rußland - eine schwierige Heimat* 1995. *Die Stimme der Kinder von Tschernobyl. Geschichten einer stillen Revolution* 1996. Raissa Orlowa und Lew Kopelew: W: *Wir lebten in Moskau* 1987. *Zeitgenossen, Meister, Freunde* 1989. *Wir lebten in Köln* 1996. Raissa Orlowa: W: *Als die Glocke verstummte. Alexander Herzens letzte Lebensjahre* 1988. *Warum ich lebe* 1990.

45. August Kopisch (1799 Breslau – 1853 Berlin)

Vom Verfasser der berühmtesten Kölner Ballade *Die Heinzelmännchen zu Köln* ist nicht bekannt, ob er die Stadt überhaupt jemals besucht hat. Ihren Siegeszug in den Kanon der Literaturgeschichte tritt diese Ballade an, als Kopisch seine Sammlung *Allerlei Geister* 1848 veröffentlicht. Als Vorlage dient ihm vermutlich ➛Ernst Weydens Buch *Cöln's Vorzeit – Geschichten, Legenden und Sagen* und das Dialektgedicht *Dat Leed von dä Heinzelmännche* von Johann Mathias Firmenich. Kopisch lebt zeitweise in Neapel und entdeckt auf der Insel Capri die Blaue Grotte. Zu seinem 100. Geburtstag stellt Kölns Verschönerungsverein den **Heinzelmännchenbrunnen** ■ 45 Am Hof [H7] (gegenüber: Brauhaus Früh) auf.

W: *Die Heinzelmänchen von Köln.* In: *Allerlei Geister* 1848. L: *Der Schlesier August Kopisch und die Heinzelmännchen von Köln.* In: *Alt-Köln.* Heft 58. Köln 1985.

46. Albertus Magnus

(ca. 1200 in Launingen/Schwaben - 1280 Köln)

Als Papst Johannis Paul II. 1980 in Köln das Grab von Albertus in der Kirche ■ 46a St. Andreas [H7] besucht, würdigt er in einem Gebet, daß Albert „die Werke menschlicher Weisheit, auch die Schriften nichtchristlicher Philosophen durchforscht [...].“ Er meint Albertus’ Lehre einer Synthese von aristotelischer Philosophie und christlicher Theologie. In Padua schließt sich Albertus dem Orden der Dominikaner an und absolviert 1223 sein Noviziat sowie theologische Studien am Dominikanerkonvent in Köln. Von 1228 an sendet ihn der Orden an verschiedene Konvente in Deutschland und 1243 auf den Ordenslehrstuhl an die Universität Paris. 1248 wird er wieder nach Köln berufen, um dort, das ■ U1 „studium generale“ [H7], die erste Hochschule Deutschlands, einen Vorläufer der späteren Universität, aufzubauen. Seine Lehren werden in ganz Europa gerühmt, und dank „Albertus Coloniensis“ entwickelt sich Köln zu einem der wichtigsten Zentren der wissenschaftlichen Welt des Mittelalters. Seine bedeutendsten Schüler sind ➛Thomas von Aquin und Ulrich von Straßburg. Albertus’ Philosophie fordert auch das Studium der Natur: „Die Naturwissenschaft hat nicht zum Ziel, das Tatsächliche zu berichten und einfach hinzunehmen, sondern vielmehr die Ursachen im Naturgeschehen zu ergründen.“ Die Gegner seiner Ansichten bezeichnet er als „einige Faulenzer, die eine Entschuldigung für ihre Faulheit haben wollen, in den Büchern nur Dinge suchen, die sie tadeln könnten.“ 1248 wird er Zeuge der Ausschachtungen für einen neuen gothischen Dom: „In Köln sah ich, wie sehr tiefe Gruben ausgehoben wurden. Tief unten fand man Gerätschaften von auffallender Gestalt und Verzierung, die offenbar in alter Zeit von Menschen angefertigt und von den Trümmern menschlicher Behausung verschüttet wurden.“ Albertus greift auch in das weltliche Leben ein und amtiert als Schiedsrichter in Streitigkeiten zwischen dem Kölner Bürgertum und dem Erzbischof. Nach seinem Tod wird er im Chor der Dominikanerkirche Heilig Kreuz ■ 46b Unter Dominikanern [H7] (zerstört) beigesetzt. Später entstehen Legenden über ein wunderhaftes und magisches Wirken von Albertus. 1931 spricht die Kirche ihn heilig. Seine Reliquien ruhen seit der Auflösung des Kölner Dominikanerordens im Zuge der Säkularisation 1802 in der Kirche St. Andreas, die seit 1947 Dominikanerkirche ist. Auf dem Albertus-Magnus-Platz der Kölner Universität steht sein Denkmal.

M

W: *Sentenzenbuch zu Petrus Lombardus* 1249. *Quaestiones theologicae; Super ethica, comentum et quaestiones* 1250-1252. *Quaestiones super libris de animalibus* 1258. *De animalibus; Summa theologiae* nach 1270. **L:** Meinolf Lohrum: *Albert der Große. Forscher – Lehrer – Anwalt des Friedens*. Mainz 1991.

47. Karl Marx (1818 Trier - 1883 London)

„Wir mußten eben nach Köln gehen und nicht nach Berlin“, weil Köln „in jeder Beziehung damals der fortgeschrittenste Teil Deutschlands war.“ So beschreibt ➛Engels die Motive seiner und Marx’ Entscheidung, im April 1848 nach Köln zu gehen. Dies ist bereits Marx’ zweiter Aufenthalt in Köln. 1842 gründen der Landgerichtsassessor Georg Jung, wohnhaft am Neumarkt 1, ➛Moses Hess und einige Honoratioren der rheinischen-liberalen Bourgeoisie, wie Camphausen und Hansemann, in Köln die *Rheinische Zeitung*. Hess ist fasziniert von Marx, nennt ihn gar „mein Abgott“ und gewinnt ihn als Chefredakteur des Blattes. Gemeinsam arbeiten sie in den Redaktionsräumen in der ■ 47a Schildergasse 99 [G7] (zerstört, heute: Geschäftsbau). Der Aufenthalt in Köln 1842/43 stellt für Marx einen Wendepunkt in seiner Denkweise dar. Anstatt sich nur mit der Philosophie zu beschäftigen, beginnt nun seine Auseinandersetzung mit den gesellschaftlichen Problemen seiner Zeit, mit der Ökonomie, dem Kommunismus und dem Sozialismus. Ein Diskussionsforum bietet das „Montagskränzchen“ im Hotel Laacher Hof, ■ 47b Im Laach 6/8 [G6] (zerstört, heute: Wohngebäude), wo Marx zeitweise wohnt. Hier treffen sich u.a. ➛Moses Hess, der Mann Friedrich von ➛Mathilda Anneke oder Gustav Mevissen, die später den Kern des „Bundes der Kommunisten“ in Köln stellen. Die *Rheinische Zeitung* erlangt schnell überregionale Aufmerksamkeit, wird aber wegen ihrer Kritik an der preußischen Regierung bald verboten. Marx verläßt am 17. März 1843 die Redaktion und geht nach Paris. Im März des Revolutionsjahres 1848 veröffentlichen er und Engels in Paris *Das kommunistische Manifest*. Im April reisen beide wieder nach Köln und leiten dort die *Neue Rheinische Zeitung*, die vom 1. Juni 1848 bis zum 19. Mai 1849 besteht. Die Redaktionsadresse ist zunächst ■ 47c An St. Agatha 12 [G7] (heute: neben “Kaufhof”), später Unter Hutmachern 18, heute ■ 47d Heumarkt 65 [G8] (Gedenktafel am Café Schulte). Marx wohnt in der ■ 47e Cäcilienstr. 7 [G7] (zerstört) und in der ■ 47f Apostelnstr. 13 [G6] (heute: “Gloria”). Als Mitarbeiter gewinnt Marx auch den befreundeten Dichter ➛Freiligrath. Als die Revolution scheitert, wird Marx im Mai 1849 als „geduldeter Fremder“ aus der Stadt ausgewiesen. Er geht über Paris nach London. Marx hält jedoch weiter Kontakt zum Kölner

„Bund der Kommunisten", für dessen Mitglieder er im „Kölner Kommunistenprozeß" 1851 von London aus erfolgreich entlastendes Material gegen die Anklage wegen Hochverrats zusammenstellt. Viel später, 1880, beginnt seine politische Freundschaft mit einem weiteren Kölner, ➛August Bebel.

W: *Zur Kritik der Hegelschen Rechtsphilosophie* 1843. *Das komunistische Manifest.* Zus. mit Engels 1848. **L:** H. Monz: *Karl Marx.* In: *Rheinische Lebensbilder.* Bd. 17. 1997. I. Fetcher: *Marx.* Freiburg 1999. W. Blumenberg: *Karl Marx. Mit Selbstzeugnissen und Bilddokumenten.* Hamburg 2000.

48. Hans Mayer (1907 Köln - 2001 Tübingen)

Das Geburtshaus im Belgischen Viertel steht heute noch in der ■ 48 Genter Str. 30 [H5]. Der Schüler des Schiller-Gymnasiums in der **Barthelstr. 91** (Ehrenfeld) verbringt seine Zeit beim freudigen „Herumstreunen in der Altstadt, am Rathausturm und an den steinernen Lauben." Doch der Erste Weltkrieg wirft bereits seine Schatten voraus und der Literaturwissenschaftler Mayer erinnert sich später: „Denke ich an meine Kinder- und Jugendjahre zurück, verlebt in der scheinbar so sinnenfrohen Großstadt Köln am Rhein, so gab es da immer wieder ein Geflüster, eine halblaute Andeutung über jähe Todesfälle [...]". Er studiert in Köln, Bonn und Berlin Jura und Philosophie und promoviert 1930 an der Kölner Universität im Staatsrecht. Als erster Empfänger des Literaturpreises der Stadt Köln im Jahr 1980 betont er die Einflüsse der Kölner Studienzeit: „die Studienjahre in Berlin hatten [...] nichts geprägt [...]. Aber die Kölner Philosophen: ➛ Max Scheler und Nicolai Hartmann und mein lieber und verehrter Freund Helmuth Plessner. [...] Hier aber, im Kölner Hörsaal und im Jahre 1930, ist vieles von dem erweckt worden, was ich heute wieder zu erkennen vermag, wenn ich mein Buch *Außenseiter* anschaue, oder die Studien über Brecht und die Tradition, über Goethe und Hegel, anderes noch. In Köln entstand die tiefe, durchaus spannungsvolle Bindung an Lukacz, wobei es ohne Emanzipation nicht abging." Mit seinen Freunden von der sozialistischen Studentengruppe gibt er das Blättchen *Der Rote Kämpfer* heraus. „Vieles von dem, was wir darin schrieben, liest sich heute prophetisch." Nach der Machtergreifung wird der Sozialist und Jude von der SA verfolgt. Er taucht im Mai 1933 illegal in Berlin unter und flieht im August 1933 erst nach Frankreich, dann in die Schweiz. Nach dem Krieg sieht er Köln wieder: „Jeder Blick, den ich meiner Vaterstadt zuwandte seit dem ersten Wiedersehen im Frühjahr 1946, als ich in den Trümmern stand, auch vor den Überresten dieses schönen Rathauses, war schmerz-

M

haft aufgerissen durch das Einst und das Jetzt." Hans Mayer erhält weltweit Professuren und hohe Ehrungen. „Meister der Weltliteratur hat Köln nicht hervorgebracht. Nur zu oft verflog sich der Genius beim Anflug", sagt er. Die Literatur aus Köln nennt er liebevoll „plebejisch und durchaus ‚unfein', aber potent". Autoren wie ➛Ostermann, den er selbst noch in Jugendjahren erlebt, verehrt er als Kölner „Volksdichter und Poeten der kleinen Leute", und ebenso ➛Böll, dessen literarische Parteinahme für die kleinen Leute ein wichtiger „Bestandteil der Weltliteratur" sei.

W: *Die Krise der deutschen Staatslehre und die Staatsauffassung Rudolf Smends.* Dissertation. Köln 1930. *Karl Marx und das Elend des Geistes. Studien zur neuen deutschen Ideologie* 1948. *Goethe in unserer Zeit. Eine Rede vor jungen Menschen* 1949. *Bertolt Brecht und die Tradition* 1959. *Außenseiter: Tragödie der bürgerlichen Gesellschaft im 19. und 20. Jahrhundert* 1975. *Ein Deutscher auf Widerruf: Erinnerungen* 1982. *Aufklärung heute.* Reden 1985. **L:** *Hans Mayer.* In: *Literatur in Köln.* LiK-Heft 18. 1985.

49. Angelika Mechtel

(1943 Dresden - 2000 Köln)

Ihren Alltag protokolliert Angelika Mechtel in einer *Monatsbilanz*: „10.9. Ich stehe um 5 h früh auf, um am Buch weiterzuarbeiten. Um 7 Uhr kommen die Kinder. Fahre sie zur Schule. Versuche wieder im Café am Exposé weiterzuarbeiten." 1965 arbeitet sie, wie auch ➛Günter Wallraff, in der von Max von der Grün initiierten „Dortmunder Gruppe 61". Nach langer Zeit als freie Autorin von Romanen, Kinderbüchern und von Beiträgen für Zeitschriften, Rundfunk- und Fernsehproduktionen in München zieht sie 1984 nach Köln und wohnt dort in der ■ 49 Spichernstr. 57 [I7]. Zuvor organisiert sie mit anderen die ersten Internationalen Literaturtage „Interlit '82" in Köln. In ihrer Geschichte *Wie eine dösende Schildkröte* beobachtet sie den Heinrich-Böll-Platz: im „hitzeflirrenden Licht [...] ein kleines Mädchen hüpft einbeinig das Kreisrund ab; eine junge Frau [...] liest ein Buch; drei Skateboardritter wippen unlustig. [...] Die junge Frau legt das Buch beiseite. Nein, sie hat keinen Böll gelesen, denke ich [...]". Das Jugendbuch *Cold Turkey*, einer ihrer großen Erfolge, wird auch in den Schulen gelesen. Über das Schreiben hinaus engagiert sie sich erfolgreich für eine soziale Absicherung alter Schriftsteller bei der VG Wort sowie für inhaftierte und verfolgte Autoren im P.E.N. Wegen der von ihr als halbherzig empfundenen Haltung dieses Verbandes zum Fall Salman Rushdie tritt sie letztendlich aus. Für ihr literarisches Werk wird sie mit zahlreichen Auszeichnungen geehrt. Nach ihrem Tod streut man auf ihren Wunsch ihre Asche zu Ostern 2000 in einer Bucht über Puerto Rico aus.

W: *Gummitwist und Hexenbesen* 1989. *Jeden Tag will ich leben.* Krebstagebuch 1990. *Flucht ins fremde Paradies* 1990. *Cold Turkey. Die Drogenkarriere von Andreas B.* 1992. *Paula bei den Walen* 1993. *Die Prinzipalin* 1994. *Rettet Jorinde* 1994. *Das kurze heldenhafte Leben des Don Roberto - ein karibischer Roman* 1999.

50. Wilhelm Joseph Millowitsch

(1854 Köln - 1909 Elberfeld)

„Ich will es Euch bekunden, die Puppen sind verschwunden, es war mir zu gewöhnlich, wir spielen jetzt persönlich“, telegraphiert Wilhelm Millowitsch an den Direktor Schippanowsky des Reichshallentheaters in der ■ 50a Gertrudenstr. 10 [G6] (ab 1935 Apollotheater, zerstört) und bricht mit der im 18. Jahrhundert verwurzelten Puppenspieltradition der Familie Millowitsch. Sein Geburtshaus ist vermutlich die ■ 50b Schaafenstr. 9 [G5/6] (zerstört). Mit der „Plattkölnischen Volksbühne“ schafft Wilhelm Millowitsch eine neue Theaterform, für die er bekannte Operetten wie *Der Zigeunerbaron* oder Romane wie *Reise in 80 Tagen um die Welt* zu Volkstheaterstücken umschreibt und parodiert. Zudem verfaßt er eigene Stücke. Besonders populär werden die Aufführungen mit „Tünnes“ und „Schäl“, deren Rollen von den großen Komikern Peter Classen und Engelbert Jansen gespielt werden. Millowitschs Ensemble von über 20 Schauspielern tritt in Köln sowie im ganzen Rheinland auf. Kurz vor seinem Tod bekommt die Millowitschbühne 1909 ein feste Spielstätte im Kollosseum-Theater, damals in der ■ 50c Schildergasse 99/101 [G7] (zerstört). Mitte der zwanziger Jahre ist die Truppe wegen Liquiditätsproblemen wieder ohne eigenes Haus und gibt Gastauftritte im „Kristallpalast am Waidmarkt“, in dem auch Boxkämpfe und Nackttänze stattfinden, sowie im Nachtclub Cavalée in der ■ 50d Ehrenstr. 18 [H6] (zerstört). Seine Kinder, Enkel - hervorgehoben sei der unvergessene Willi Millowitsch - und später auch Urenkel führen das Theater sehr erfolgreich fort, von 1932-1936 in der „Harmonie“, ■ 50e Apostelnstr. 13 [G6] (heute: „Gloria“), seit 1936 in der ■ 50f Aachenerstr. 5 [G5] (Volkstheater Millowitsch). Grab des Enkels und beliebten Schauspielers Willi Millowitsch: **Melatenfriedhof (Flur 72 A).**

W: *Eine tolle Nacht* 1897. *Drei Tage aus dem Kölner Leben oder Ein weiblicher Militärstaat* 1897. *Glückliche Flitterwochen* 1899. *'Ne neu Jan und Weth* 1900. *Gasparone, oder Mutter, der Mann mit dem Koks es do.* ca. 1900. *Der Mikado oder: Kölsche Japanese* ca. 1900. *Köln im Jahr 2000* ca. 1900. L: D. Renckhoff: *Willi Millowitsch. Lebensbilder. Theaterbilder.* Köln 1996.

M

51. Agrippa von Nettesheim

(1486 Köln - 1535 Grenoble)

Der Geheimwissenschaftler und Universalgelehrte studiert an der Universität Köln, ■ 51 An der Rechtschule [H7] (nach 1815 Taubstummenschule, 1902 abgerissen, heute: WDR-Gebäude) Rechtswissenschaften und die Lehren von ➛Duns Scotus. Um 1507 gründet Agrippa alchemistisch-magische Zirkel in Paris. Auf seinem Wanderleben in Europa hält er Vorlesungen, aus denen sein geheimwissenschafliches Hauptwerk *De occulta philosophia* hervorgeht, das 1510 in Köln veröffentlicht wird. Der Kölner Rat und die Universität, „qui cum me accusare et damnare", verdammt Agrippas hermetisch-kosmologisches Werk, dessen pantheistische Gedanken in die damals gefährliche Nähe zu Giordano Bruno geraten. Recht mutig gibt Agrippa auch eine Schrift über Adel und Würde des weiblichen Geschlechts (*De nobilitate et Praecellentia foemini sexus*) heraus, die den späteren Köln-Besucher ➛Apollinaire zu erotischen Romanen inspiriert. Als Anwalt rettet er im französischen Metz ein Mädchen, das der Zauberei verdächtigt wird, vor dem Scheiterhaufen: „[...] ich habe doch nicht abgelassen, dieses arme Weibchen zu defendieren, habe auch dasselbe durch die Macht der Rechte aus dem Rachen des Löwen herausgerissen." Am Hof der Savoyens verdient Agrippa als Leibarzt seinen Unterhalt, indem er die Königin-Mutter astrologisch berät. In Verdacht geraten, Sympathisant der Bourbonen zu sein, flieht Agrippa nach Antwerpen und hält sich ab 1531 wieder in Köln auf. In seinem Bekenntnisbuch *Declamatio*, das in mancher Hinsicht den Dunkelmännerbriefen eines ➛Hutten ähnelt, kritisiert Agrippa die akademische Wissenschaft: „Bevor die zänkischen Schriftgelehrten die Dialectica lernen, so erlangen die Rechtgläubigen Christi von ihrem Meister selbst die Wahrheit", die Kölner Theologen: „Wann sie des Tages von dem Prediktstuhl herunter ein wenig von einer Tugend, jedoch nach ihrem Gehirne, geschwatzet, so liegen sie des nachts in ihren Schlupflöchern und Hurenhäusern" und die Mönche in Köln als „lutuosae sues, sic!". 1535 geht er wieder nach Frankreich, wo er, nach kurzem Gefängnisaufenthalt wegen unvergessener Schmähungen gegen die Königin-Mutter, die letzten Monate seines Lebens im Dominikanerkloster von Grenoble unterkommt. Ein weiterer Köln-Besucher, ➛Goethe, schreibt in *Dichtung und Wahrheit*, daß Agrippas *Declamatio* sein „junges Gehirn [...] in Verwirrung setzte". Im Hinblick auf seine Kosmologie ist der frühe, erkenntnissuchende und okkulte Agrippa vermutlich ein Vorbild für Goethes Faust-Figur.

W: *De nobilitate et Praecellentia foemini sexus* 1509. *De Occulta Philosophia.* 3 Bücher 1510. *Declamatio de incertitudine et vanitate omnium scientarium atque artium et excellentia verbi Dei.* Bekenntnisbuch 1526. L: H. F. W. Kuhlow: *Die Imitatio Christi und ihre kosmologische Überfremdung.* Berlin, Hamburg 1967.

52. Friedrich Nietzsche

(1844 Röcken bei Lützen - 1900 Weimar)

Zwar sind es nur wenige Tage, die der Philosoph und Musikliebhaber in Köln verbringt, doch diese hinterlassen unvergeßliche Eindrücke. Nietzsche studiert 1864/65 in Bonn Theologie und klassische Philologie und schließt sich der trinkfreudigen Burschenschaft "Franconia" an. Die Burschenschaftler, eigentlich zur Keuschheit verpflichtet, zieht es zu Ausschweifungen in das benachbarte Köln. Sein Freund Paul Deussen berichtet, daß Nietzsche „eines Tages im Februar 1865 allein nach Köln gefahren" sei. Offensichtlich wird er dort unfreiwillig in ein Bordell geführt: „'Ich sah mich', so erzählt mir Nietzsche am anderen Tage, 'plötzlich umgeben von einem halben Dutzend Erscheinungen in Flitter und Gaze, welche mich erwartungsvoll ansahen. Sprachlos stand ich eine Weile. Dann ging ich instinktmäßig auf ein Klavier als auf das einzig seelenhafte Wesen in der Gesellschaft los und schlug einige Akkorde an. Sie lösten meine Erstarrung und ich gewann das Freie'." Ob sich der Philosoph bei diesem Besuch mit Syphilis ansteckt, wie zuweilen behauptet wird, bleibt fraglich. Im Sommer desselben Jahres kommt er noch einmal nach Köln, als Chorsänger im ■ G Gürzenich [G8]. Seiner Schwester Elisabeth schreibt er: „Am Freitag den 2t. Juni reiste ich nach Köln herüber zum niederrheinischen Musikfest. [...] Köln machte in diesen Tagen einen weltstädtischen Eindruck. Ein unendliches Sprachen- und Trachtengewirr - ungeheuer viel Taschendiebe und andre Schwindler [...]. Als Sänger bekam ich meine weißrothe seidne Schleife auf die Brust und begab mich in die Probe. [...] Der Gürzenich war für alle drei Tage ausverkauft [...]. Als Staegemann und Julius Stockhausen [...] ihr berühmtes Heldenduett sangen, brach ein unerhörter Sturm des Jubels aus, achtfache Bravos, [...] sämmtliche 300 Damen schleuderten ihre 300 Bouquets den Sängern ins Gesicht [...]. Um 3 Uhr Morgens machte ich mich mit 2 Bekannten fort; und wir durchzogen die Stadt [...], fanden nirgends ein Unterkommen bis endlich nach anderthalb Stunde ein Nachtwächter uns das **Hotel du Dôme** [■ 52 Am Domhof 5/11 [H7/8] (zerstört, heute etwa Rückseite des Dom-Hotels)] aufschloß." Noch 1865 verläßt Nietzsche Bonn und setzt sein Studium in Leipzig fort.

W: *Sämtliche Briefe.* 1986. *Die Geburt der Tragödie aus dem Geiste der Musik* 1872.
L: R. Safranski: *Nietzsche. Biographie seines Denkens.* München 2000.

N

53. George Orwell (eigentl. Eric Arthur Blair) (1903 Motihari / Bengalen - 1950 London)

Am 2. März 1945 legen alliierte Bomberverbände die Altstadt Kölns nahezu vollständig in Schutt und Asche. Wer kann, flieht. Danach werden in der Stadt nur noch 42 000 Einwohner gezählt. Am 5. März dringen amerikanische Panzerverbände über die Venloer Straße in das Stadtzentrum vor. Die Gauleitung entkommt nach Deutz und Pioniere der Waffen-SS sprengen die Hohenzollernbrücke. Der Reichssender meldet: „Der Trümmerhaufen Kölns wurde dem Feind überlassen." Zeuge dieses Geschehens ist der an Tuberkulose erkrankte Schriftsteller George Orwell, im Krieg Mitarbeiter des „BBC-Intelligence-Service" und 1945 Korrespondent des britischen *Observer*: „Ich befand mich am Montag des 5. März 1945 an der Ecke Venloer Straße - Ecke Ehrenfeldgürtel. Abgesehen von vereinzeltem Artilleriefeuer war es verhältnismäßig ruhig [...]". In der Innenstadt sieht er „einfach nur noch ein Chaos aus zerklüfteten Ruinen, umgeworfenen Straßenbahnen, zerschmetterten Denkmälern und riesige Berge von Schutt." Orwell, der im Krieg die Bombardierung von industriellen Anlagen als „verhältnismäßig zivilisierte Waffe" bezeichnet, stellt nun fest, daß die „Bomben vielmehr nur einen Querschnitt der Bevölkerung töten." Am 24. März berichtet er über den beginnenden Wiederaufbau und die Versorgungsprobleme: „Die Amerikaner haben eine primitive Wasserversorgung mittels Pferdewagen eingerichtet [...]". Er beobachtet die Einrichtung einer provisorischen Verwaltung im Allianzgebäude am ■ 53 Kaiser-Wilhelm-Ring 2 [I5] und die Aufstellung einer Bürgerpolizei, „die aber weder Waffen noch Uniformen erhielten." Orwell bleibt drei Wochen in Köln, unterbrochen von Reisen nach Paris und Stuttgart. Ende März 1945 liegt er mit Lungenproblemen in einem Kölner Krankenhaus. Hier erreicht ihn die Nachricht vom Tod seiner Frau in England. Er reist sofort ab.

W: *Animal Farm* 1945. L: J. Atkins: *George Orwell.* London 1971. C. Dietmar: *Chronik Köln.* Gütersloh / München 1997

54. Willi Ostermann

(1876 Köln-Mühlheim - 1936 Köln)

Das Geburtshaus des weit über die Stadtgrenzen Kölns hinaus geschätzten Volkslied-Dichters „und Poeten der kleinen Leute“ (➛Hans Mayer) befindet sich laut Geburtsurkunde im „Picolonischen Weg Nr. 1“, heute **Ecke Mühlheimer Ring / Bergisch Gladbacher Str.** (Gedenktafel an der Feuerwache). Seit 1879 wohnt seine Familie in der ■ 54a Heribertstr. 10 [G10] in Köln-Deutz, wo er an der Deutzer Freiheit die Volksschule, seine „Proletarier-Universität“, besuchte. Eine Druckerlehre bricht er ab, als er seine Leidenschaft für die Poesie entdeckt. 1903 heiratet er die Revuetänzerin Käthe Palm, die aus einer Kölner Musikerfamilie stammt. Zu dieser Zeit tritt Ostermann bereits als vielseitiger Unterhaltungskünstler auf. Das kölsche Milieu erkennt sich in seinen Liedern wieder und so läßt der Erfolg nicht lange auf sich warten. 1907 wird sein Hit mit den Zeilen: „Däm Schmitz sing Frau eß durchgebrannt, [...] /wohin dat eß noch unbekannt, [...] /zik gestern Ovend eß se fott, [...] /dä Schmitz, dä laach sich halv kapott“, eines der beliebtesten Lieder der Stadt. Mit *Wer hätt dat vun d'r Tant gedaach,* erringt er 1908 bei den Blumenspielen die goldene ➛Fastenrath-Medaille. Seit 1914 wohnt er in der **Zülpicher Str. 290** und seit 1928 repräsentativ am ■ 54b Neumarkt 33 [G6] (Gedenktafel am Neubau). Auf dem Sterbebett schreibt er sein berühmtestes Lied: „Wann ich su an ming Heimat denke / un sin der Dom su vör mir ston / möch ich tirek op heim an schwenke, / ich möch zo Foß noh Kölle jon“, ein Lied, daß ➛Unger und andere Exilanten der NS-Zeit sogar noch in den Internierungslagern Australiens singen. Am schönen ■ 54c Ostermannplatz [G8] in der Altstadt steht der 1939 eingeweihte **Ostermann-Brunnen**. Grab: **Melatenfriedhof (Flur 17 B, Weg G).**

W: *Gemeinschaftliche Lieder zum rheinischen Fest* ca. 1910. *Hochdeutsch mit Streifen* 1912. *Gemeinschaftliches Liederheft mit den Karnevalsneuheiten* 1914. *Plattkölsche Kriegsgedichte über die großen Ereignisse im Jahre 1914* 1914. *Heimatklänge 'Kölsch'. Gesammelte Lieder* ca. 1920. *Das Ostermann-Bilderbuch. Heitere Lieder und Gedichte* ca. 1930. *Kölsche Mädche künne bütze* (o.J.). *Och, wat wor det fröher schön doch en Colonia* (o.J.). L: H.W. Krupp: *Willi Ostermann. Mundartdichter und Liedersänger.* Köln 1986.

55. Francesco Petrarca

(1304 Arezzo - 1374 Arquà bei Padua)

Auf der Suche nach überlieferten Werken lateinischer Klassiker bereist der Begründer der italienischen Renaissance halb Europa und besucht 1333, von Aachen kommend, die Stadt Köln. In einem Brief an seinen Auftraggeber, den Kardinal Giovanni Colonna, berichtet er: „Man ist erstaunt, in diesem Barbarenland eine derart feine städtische Bindung anzutreffen. Welch ein Stadtbild, welche Würde bei den Männern, welche Anmut bei den Frauen." Letztere beobachtet er beim Johannisbad im Rhein: „Manche hatten sich mit Kräutern geschmückt und die Ärmel bis zum Ellbogen aufgestreift. So wuschen sie in fröhlichem Durcheinander die Hände und Arme im reißenden Strom und plauderten dabei in ihrer fremdartigen einschmeichelnden Sprache." In der Stadt besucht er die Kirche ■ K1 St. Ursula [I7] mit der Grabstätte der heiligen Ursula und ihrer legendären Gefolgschaft der 11 000 von Hunnen ermordeten Jungfrauen, die Kirche ■ K2 St. Maria im Capitol [F/G8] und den ■ D Dom: „Ich sah die hingemarterten Leiber der heiligen Jungfrauen und die ihren hochedlen Reliquien geweihte Erde. Ich sah das Kapitol, ein Abbild des unsrigen [...]. Ich sah mitten in der Stadt die überherrliche, wenn auch unvollendete Domkirche, mit gutem Grund die Allerhöchste genannt." Petrarca, Sohn eines Notars und enger Freund Boccaccios, dem Autor der *Decamerone*, studiert 1323-25 in Bologna Rechtswissenschaften. Neben lateinischen Versen verfaßt er hoch geschätzte italienische Sonette und Lieder, wie das berühmte *Italia mia*, das einen bis dahin nicht gekannten romantischen Patriotismus vorwegnimmt, oder die Liebesgedichte *Il canzoniere*, die er seiner Jugendliebe Laura widmet.

W: *De Viris Illustribus* ca. 1337. *Africa* ca.1338. *Rerum Memorandum Libri* 1342-43. *Secretum Meum* 1342-58. *Opera omnia*. Gesamtwerk 1554-81. *Canzionere - Triumphe - Verstreute Gedichte* 2002 L: F. Neumann: *Francesco Petrarca*. Hamburg 1998.

56. Franz Raveaux

(1810 Köln – 1851 Laeken in Belgien)

Widerborstigkeit und Courage zeichnen sein Wesen aus. Als Schüler des Friedrich-Wilhelm-Gymnasiums ■ 56a Severinstr. 225 [F7] (zerstört), unweit des Elternhauses, rettet der hervorragende Schwimmer vier Menschen vor dem Ertrinken im Rhein. „Abällino, der gelbe Bandit" wird er aber auch genannt, und eine Prügelei mit Handwerkern führt zum vorzeitigen Schulverweis. Die Düsseldorfer Malerschule verweigert seine Aufnahme, und beim Militär landet er nach einem Duell in Deutzer Festungshaft. Er kann fliehen und kämpft 1834 als Fremdenlegionär in Spanien. 1837, wieder in Köln, heiratet er die Tochter eines Porzellanhändlers und versucht sich vergeblich zuerst im Porzellanhandel, dann im Verkauf von Schiffbillets nach Amerika. 1843 arbeitet er als Schriftleiter für den *Kölnischen Anzeiger* in Anton Grevens Verlag, damals ■ 56b Schildergasse 60 [G7] (zerstört), und eröffnet auf der ■ 56c Hohe Str. 78 [G7] (zerstört) ein Zigarrengeschäft. Er erregt Aufmerksamkeit, weil er seinen Kunden gewagte Kommentare zur Zeit und andere Sprüche wie: „Es ist eine tolle Zeit: in der Eifel klagt man über Mangel und dennoch machen Tausende die kostspielige Reise nach Amerika" in die Zigarren-Etuis legt. Aus Ärger über das preußisch angepaßte „festordnende Kommitee" des Karnevals gründet Raveaux mit Freunden die volksdemokratische und somit provozierende „Allgemeine Karnevalsgesellschaft", in gewisser Weise der Vorläufer der heutigen „Stunksitzung". Nach brutalen Militärübergriffen auf der blutigen „Martinskirmis" im August 1846 wird der beim Volk populäre Demokrat in den Stadtrat gewählt. Raveaux wohnt in der ■ 56d Hohe Str. 25 [G7]. ➛Mathilde Annekes Mann Friedrich schreibt, daß der „beinhart gewordene Raveaux" nun nicht mehr dem „geckenhaften, sondern dem revolutionären" Typus gleiche. Als Deputierter erlebt er die Märzrevolution 1848 in Berlin und als Abgeordneter der Paulskirche wird er ebenso wie ➛Robert Blum triumphal in Köln empfangen. Sein Abbild findet sich auf Tassen und Pfeifenköpfen wieder. Über die „Geldaristokratie" in Köln urteilt er: „Ihr seid zu finden in allen Verwaltungsstellen, die noch durch Klüngel vergeben werden können." 1849 kämpft er erfolglos gegen den preußischen Vormarsch im badisch-pfälzischen Feldzug und flieht über die Schweiz und Frankreich nach Belgien. Hier widmet er sich der schriftstellerischen Aufarbeitung der politischen Ereignisse. Der Assisenhof in Köln verurteilt ihn 1851 zum Tode. Der schwer kranke Raveaux antwortet darauf aus seinem belgischen Exil mit Galgenhumor: „Mit meiner Gesundheit geht es besser. Ich fresse mich nochmals durch, und Kopfweh kann ich nicht mehr bekommen, seit ich geköpft wurde."

W: *Der Bürgermeister zu Blankenheim (zu deutsch Krähwinkel) oder Ereignisse eines humoristischen Katzenjammers.* Satire 1843. *Cigarren-Etuis. Zum Besten der nothleidenden Ahrbewohner* 1844. *Die Kölner Ereignisse vom 3. und 4. August nebst ihren Folgen* 1846. *Mitteilungen über die badische Revolution* 1850. L: Klaus Schmidt: *Franz Raveaux. Karnevalist und Pionier des demokratischen Aufbruchs in Deutschland.* Köln 2001.

57. Walter Rheiner (1895 Köln – 1925 Berlin) Seine Schwiegermutter beanstandet im Scheidungsverfahren Schnorrenberg ./. Schnorrenberg am Kölner Landgericht 1925 „die Arbeitsscheu des Beklagten, der seine ganze Zeit im Kaffeehaus zubrachte. Ferner ist der Beklagte Morphinist." Walter Rheiner, eigentlich Schnorrenberg, wächst in Köln auf. 1911 stirbt sein Vater Heinrich Schnorrenberg, vermutlich ein Bäcker mit Wohnsitz ■ 57a Auf dem Rothenberg 13 [G8]. Im Jahr darauf muß er die Lehre bei dem Kölner Bankhaus Wesemann & Langguth wegen Bankrotts abbrechen. Zwischenzeitlich arbeitet er im Waffen-Export-Haus seines Onkels W. Schnorrenberg & fils in Liège (Lüttich), danach beginnt sein literarisches Nomadenleben mit vorübergehenden Aufenthalten in Paris, London, Köln und schließlich in Berlin. Bei Kriegsbeginn versucht er vergeblich, als untauglich zu gelten. Rheiner wird kokainsüchtig. 1916 geht er zum Entzug in die Kölner Krankenanstalt Lindenburg, **Stelzmannstr. 9** (teilweise erhaltener Backsteinbau des Uni-Klinikums), und muß danach wieder an die Front. Die Armee verklagt ihn wegen „selbstverursachter Unfähigkeit zum Dienst". Mit seinen expressionistischen Gedichten und der Novelle *Kokain* gewinnt er Anerkennung. Zu seinem Freunden zählen Johannes R. Becher, Yvan Goll, der ihm ➛Apollinaires *Alcools* schickt, und Heinrich Hoerle. Rheiner beschäftigt sich mit ➛Nietzsche, den er im gleichnamigen Gedicht mit „Du: rasender Tänzer im Sternen-Feld!" anruft. 1918 heiratet er seine große Liebe Frieda Olle („Fo"), bald haben sie zwei Kinder. In Köln wohnt er zeitweise mit Frieda in der ■ 57b Lützowstr. 19 III [F4]. Sein Prosagedicht *Nocturne (Köln)* beginnt: „Ich komme am Dom vorbei. Der steht da – unersättlich, mit der großen in die Nacht hineingreifenden Gebärde [...] / Kleine weiche Kokotten stehen im Schatten der Häuser und haben jenes mir ach so bekannte Zucken um den Mund [...]". Die finanzielle Situation ist katastrophal: Rheiner verdient kaum etwas, zudem steigt er in Berlin auf Morphium um. Frieda ist empört, „daß du für nur 7,- M das Tuffikettchen [Kette der Tochter 'Tuffi'] versetzt hast." Sie leben von der Schwiegermutter. Goll sendet 900,- Mark zur Unterstützung aus Paris. Die Situation verschlimmert sich derart, daß er im Herbst 1924 in die Provincial-Heil- und Pflegeanstalt Bonn eingewiesen wird. Nach der Entlassung im April 1925 versucht Rheiner in Berlin ein normales Leben zu führen. Seiner Mutter schreibt er neun Tage vor seinem Tod: „In dieser Stunde [...] bin ich so müde [...] ob ich nicht morgen lieber nach Köln zurückfahre. [...] Ich bin fest entschlossen, entweder bis zum 15. VI. Stellung zu finden, die mich ernährt, oder mir selbst die gute Reise des Todes zu geben [...]. Rette mich! [...] Wenn ich nach Köln wirklich zurückkommen müßte, dann würde ich mich als tatsächlich geistig minderwertig empfinden." Am 12. Juni stirbt er an einer Überdosis. „Komm holder Schnee! Verschütte dies schwere Herz!" lautet die erste Zeile seines letzten Gedichts.

W: *Kokain* 1918. *Das tönende Herz* 1915-17/1918. *Insel der Seligen* 1918. *Der inbrünstige Musikant* 1918. *Das schmerzliche Meer* 1912/1915-18. *Der bunte Tag.* Fragmente 1918. *Das Fo-Buch* 1921. **L:** *Kokain in Berlin.* Teil 4, Von A. Conrad. In: *Der Tagesspiegel*, Berlin 2001. *Der Kölner Dom* In: *Köln im Gedicht.* Hg. von N. Schachtsieg-Freitag. Köln 1991. Nachlaß Walter Rheiner: Literaturarchiv der Akademie der Künste in Berlin.

58. Paul Schallück

(1922 Warendorf - 1976 Köln)

In der Jugend fühlt er sich zum Priester und Missionar berufen und besucht in Warendorf eine Klosterschule. 1941 wird er eingezogen und schwer verwundet. Nach dem Krieg studiert er in Münster und Köln Germanistik, Philosophie, Geschichte und Theaterwissenschaften und arbeitet bis 1952 als Theaterkritiker für die *Münstersche Zeitung*. In den literarischen Veröffentlichungen verarbeitet er seine Erfahrungen der NS-Zeit und des Krieges. Neben seinen Arbeiten für die *FAZ*, den *Kölner Stadt-Anzeiger* und den ■ **F WDR [H7]** ist er Chefredakteur der *Dokumente* mit Redaktionssitz ■ 58 Hohenstaufenring 11 [F5]. In Köln wohnt er zunächst in der **Herrigergasse 7** (Müngersdorf), später in der **Belvederestr. 89** (Müngersdorf), in der Nähe von ➛Heinrich Böll. Mit diesem und ➛Wilhelm Unger gründet er die Bibliothek „Germania Judaica" in Köln. Zuletzt wohnt er in der **Belvederestr. 91**, nachdem ihn der Vermieter mittels Umbauarbeiten aus dem Nachbarhaus vertrieben hat. In dem Essay *Der Platz an dem ich schreibe* beschreibt er sein Arbeitszimmer: „Auf dem Pult: Heft, Federhalter, Bleistift, Radiergummi; unter dem Deckel Pläne und Halbfertiges. [...] An den Tapetenwänden [...], ein Foto von Albert Camus, ein Stückchen vom Dom in Münster, eine Röntgenaufnahme von den Nackenwirbeln meiner Frau [Ilse Schallück]." Das Mitglied der „Gruppe 47" erhält zahlreiche Literaturpreise, bleibt aber im Schatten ➛Bölls. Schallück ist ein Köln-Essayist, der die Stadt wie kein anderer mit großer geschichtlicher Kenntnis und wohlwollender Ironie beschreibt. Am Beispiel der Hohe Straße zeigt er, daß Köln die Stadt ist „in der die Parole der französischen Revolution: Liberté, Egalité, Fraternité zur Tatsache und Praxis herangereift ist." Liberté, da „die Hohe Straße keine Straße [ist]. Sie hat sich die Freiheit bewahrt, eine Gasse zu bleiben", Egalité, denn : „vor ihr sind alle Menschen gleich. Besitz gilt ebenso wenig wie Nationalität und Rasse“ und Fraternité, weil „dort schlägt das kölsche Hätz [...]. Die Straßensänger [...] tragen, indem sie zu Klampfe und Trompete singen und die Herzen erfreuen, wesentlich dazu bei, daß der Menschenfluß [...] in brüderlicher Einheit dahinströmt“. In Köln lebt „das Heilige neben dem Profanen“ gut beisammen. Grab: **Müngersdorfer Friedhof**.

W: *Wenn man aufhören könnte zu lügen* 1951. *Wir sind ja auch bald drüben* 1952. *Ankunft null Uhr zwölf* 1953. *Die unsichtbare Pforte* 1954. *Pharisäer und Zöllner* 1954. *Von deutscher Tüchtigkeit* 1954. *Von deutscher Vergesslichkeit* 1956. *Q3 und die Hohe Straße* 1956. *Von deutscher Resignation* 1957. *Engelbert Reinecke* 1959. *Von deutscher Gemütlichkeit* 1959. *Von deutscher Gleichgültigkeit* 1962. *Zum Beispiel* 1962. *Don Quichote in Köln* 1967. *Mai-Tagebuch*. Zus. mit Ilse Schallück 1972. *Hierzulande und anderswo* 1974. *Dein Bier und Mein Bier*. Monolog u. Briefe 1976. *Countdown zum Paradies*. Oratorium 1976. *Bekenntnisse eines Nestbeschmutzers* 1977.

59. Max Scheler

(1874 München - 1928 Frankfurt)

„Max Scheler war [...] die stärkste philosophische Kraft im heutigen Deutschland, nein, im heutigen Europa und sogar in der gegenwärtigen Philosophie überhaupt“ (Martin Heidegger). Als der Exponent einer katholischen Philosophie wird Scheler 1919 von dem Kölner Bürgermeister Konrad Adenauer als Direktor des sozialwissenschaftlichen Institutes der neugegründeten Kölner ■ U2 Universität [C9] eingesetzt. Trotz protestantischem Vater, der jüdischen Mutter und einer jüdischen Religionserziehung fühlt sich der Philosoph bereits als Jugendlicher zum Katholizismus hingezogen. 1899 läßt er sich in München katholisch taufen. Philosophie soll Scheler zufolge, „der freie Atem des Menschen (sein), der in der ‘Spezifität’ seiner Umwelt zu ersticken droht“. Den Menschen betrachtet er zuerst als „liebendes Wesen“: „Der Mensch ist ehe er ein ens cogitans ist oder ein ens volens, ein ens amans“. Scheler vermag viele nahestehende Menschen zum katholischen Glauben zu bewegen: seine Frau Märit Furtwängler, Otto Klemperer und ➛Edith Stein, die über ihn meint: „Nie wieder ist mir an einem Menschen so rein das ‘Phänomen’ der Genialität entgegengetreten“. Seine Vorlesungen werden in Köln begeistert aufgenommen: „Im überfüllten Saal lauschen die Hörer atemlos. In einer Epoche, die nach unglaublichem Zusammenbruch [...] Verwirrung und Verzweiflung erfuhr, hob [...] der Mann eine Ordnung aus dem Chaos empor; wo das Auge nur Trümmer sah, errichtete er den Bau des Geistes“ (Heinrich Lützeler). ➛Hans Mayer glaubt nicht, daß die Studienjahre in Berlin für ihn prägend sind, aber „die Kölner Philosophen: Max Scheler und Nicolai Hartmann.“ Scheler wohnt in der **Müllerstr. 11** (Marienburg). Seine Kölner Jahre von 1919-1928 sind aber auch von verzweifelter Suche nach innerem Halt in Beziehungen, von tiefen Depressionen und Anfällen von Arbeitswut geprägt. 1923 trennen sich er und Märit in Freundschaft. Scheler heiratet darauf seine Assistentin und Freundin Maria Scheu. In dieser Zeit löst er sich von der katholischen Kirche. Seine Arbeitsmethode gleicht einer „Zettelwirtschaft" und gerne reißt er für Vorlesungen notwendige Literaturstellen aus den Büchern heraus: „Er besaß zwanzig Exemplare von Kants ‚Kritischer Vernunft', von denen die Hälfte nur noch als Fragment bestand [...]." Grab: **Südfriedhof.**

W: *Phänomenologie und Erkenntnistheorie* 1913-14. *Ordo amoris* 1916. *Die Ursachen des Deutschenhasses* 1917. *Christentum und Gesellschaft* 1920-21. *Moralia* 1921-23. *Die deutsche Philosophie der Gegenwart* 1922. *Wesen und Formen der Sympathie* 1923. *Die Stellung des Menschen im Kosmos* 1927. *Idealismus - Realismus* 1927. *Philosophische Weltanschauung* 1928. **L:** *Ein Genie - Max Scheler.* In: H. Lützeler: *Persönlichkeiten.* Freiburg 1978. W. Mader: *Scheler.* Hamburg 1980.

60. Friedrich Schlegel

(1772 Hannover - 1829 Dresden)

und Dorothea Schlegel

(1763 Berlin - 1839 Frankfurt/M.)

Friedrich Schlegel, der Autor des erotischen Romans *Lucinde*, der große Philologe, Publizist, Theoretiker der Romantik und Herausgeber des *Athenäums*, und seine Frau Dorothea werden 1804 von den kunstsinnigen und einflußreichen Brüdern Boisserée nach Köln eingeladen. Sie leben im Äbtissinnenhaus ■ 60a Kasinostr. 3 [G7/8] (Gedenktafel über dem Portal des Jugendwohnheimes). Zuvor gelingt es ihm weder in Jena noch in Berlin oder in Paris, das gesuchte feste Auskommen zu finden. Die rebellische Energie beim „Symphilosophieren" im Jenaer Romantikerkreis war längst verpufft. In Köln hält Friedrich von 1804 bis 1808, unterbrochen von Reisen zu seinem Bruder August-Wilhelm und Mme. de Staël, öffentliche Vorlesungen in Geschichte und Literatur sowie Privatlektionen für die Boisserées in Philosophie und Universalgeschichte. Die alte Stadt Köln inspiriert das Paar mit ihren zahlreichen Kirchen und Kunstschätzen, insbesondere den alten Gemälden der Sammlungen von Jabach und ➛Wallraf. „Dieses Bild [das Triptychon in der Rathauskapelle] ist einzig in seiner Art, wie auch der unvollendete Dom zu Köln [...]. Und der Name dieses glücklichen Meisters ist unbekannt! [...] die Stadt Köln ist, trotz aller Zerstörungen [...] auch jetzt noch an alten Gemälden nicht minder reich als sie dem Kenner alter Baukunst merkwürdig sein muß.“ Sulpiz Boisserées Anliegen zur Vollendung des Dombaus unterstützt Schlegel mit vollem Herzen. „bis zu jener Vollendung des architektonischen Stils, den man am hiesigen Dom bewundern muß.“ Doch eine feste Stelle ist für Friedrich auch in Köln nicht in Aussicht. Sein Bruder muß immer wieder aushelfen. Dorothea fühlt sich in Köln nicht wohl, sie leidet am ständigen „allein seyn“ und schreibt einmal von der „Abgestorbenheit zu Köln“. Sie und Friedrich konvertieren zum Katholizismus, kurz bevor sie im Jahr 1808 Köln verlassen, zum Schrecken mancher Zeitgenossen, in St. Maria zum Pesch, einer inzwischen abgerissenen Nebenkirche am Dom, etwa an der Stelle der heutigen ■ 60b Dom-Schatzkammer [H8] (Dom-Nordseite, Tafel für Kirche). Im Katholizismus scheint Friedrich eher die mystische Religiösität zu finden, von der sein Freund Novalis spricht. Ab 1808 leben sie in Wien und Friedrich bekommt ab 1809, durch Vermittlung seines Bruders, endlich ein gesichertes Auskommen als Hofsekretär bei der Wiener Armeekommission unter Metternich.

Friedrich Schlegel **W:** *Lessings Gedanken und Meinungen zusammengest. und erl.* 3 Teile 1804. *Poetisches Taschenbuch für das Jahr 1805 und 1806* 1806. *Dritter Nachtrag alter Gemälde.* Beitrag für die Zeitschrift *Europa* 1805. *Über die Sprache und Weisheit der Inder.* Abhandlung 1808. Dorothea Schlegel **W:** *Florentin.* Ein unvollendeter Roman 1801 sowie in: *Dorothea Schlegel. Florentin. Roman. Fragmente. Varianten.* Hg. von L. Weissberg. Frankfurt 1987. **L:** Carola Stern: *Ich möchte mir Flügel wünschen. Das Leben der Dorothea Schlegel.* Hamburg 1990.

61. Wilhelm Schneider-Clauß

(1862 Köln - 1949 Köln-Junkersdorf)

Der Sohn eines Schlosser- und Schmiedemeisters und Verfasser des ersten Romans in kölscher Sprache von 1908 *Alaaf Kölle! En Schelderei us großer Zick* beschreibt darin auch das Wesen der Kölner Literatur: „Hät letz ens gemeint enen Här vun der Fedder, / Et gör gar kein kölsche Literator! —//..Jo, meer hee en Kölle, meer dräumen un deechte / su wie meer et föhlen en Hätzen un Kopp / Un wie de Lück levve, su du' mer't bereechte [...].“ Sein Geburtshaus in der ■ 61a Großen Witschgasse 14 [F8] existiert nicht mehr, später wohnt er und die Familie in der ■ 61b Großen Telegraphenstr. 2 [F6] und am ■ 61c Mauritiuswall 22 [F6]. Nach Besuch des ■ 61d Friedrich-Wilhelm-Gymnasiums [E7] beginnt er 1882 ein Studium an der medizinischen Fakultät in Heidelberg. Später ändert er die Studienrichtung und promoviert 1888 im Fach Philologie an der Universität Straßburg. Im gleichen Jahr wird er als Kandidat am ■ 61e Kaiser-Wilhelm-Gymnasium [E7] in der Heinrichstraße angenommen, das er 1889 für einen Rektorenposten an einem Knabenpensionat in Kerpen verläßt. In dieser Zeit arbeitet Schneider-Clauß bereits an seinen ersten Liedern, Gedichten und Erzählungen. Viermal - 1902, 1903, 1904 und 1911 - gewinnt er bei den „Kölner Blumenspielen" den Preis der ➛Fastenrath-Stiftung für Gedichte in Kölner Mundart und wird 1909 zum Ehrenmitglied des Heimatvereins „Alt-Köln" ernannt. Im Anschluß an eine 1906 an einem Gymnasium in Eupen angenommene Tätigkeit lehrt er von 1913-1927 als Studienrat am Städtischen Realgymnasium in Köln-Lindental. Angetan von der neu entstandenen Art des Kölner Volksschauspiels, wie es ➛Wilhelm Millowitsch entwickelt, widmet sich auch Schneider-Clauß als Dramatiker diesem Metier, verfaßt Schauspiele und „Hänneschen"-Stücke und gründet 1919 gar ein eigenes Laienensemble. Die revolutionären Unruhen von 1918/19 in Köln kommentiert er, durchaus ironisch gemeint, mit seinem Volksschauspiel *Aachunveezig,* das sich auf die 1848er Revolution in Köln bezieht. Als aktives Mitglied und Präsident der „Roten Funken" (1923, 1931, 1932) bleibt er dem Kölner Karneval stets treu verbunden.

W: *Kölsch Gemööt. Verzällcher un Bildcher en Rüümcher* 1903. *Allaaf Kölle! En Schelderei us großer Zick* 1907. *Zwesche Vringspooz un Eigelstein. Kölsche Bildcher un Verzällcher* 1909. *Kölnische Volksschauspiele I-II* 1912. *Aachunveezig. Ein kölnisches Volksschauspiel aus dem "Tollen" Jahr 1848* 1919. *Altfränsche Lück. 5 ähnze Stöckelcher* 1925. L: *Das Schneider-Clauß-Buch.* Hg. von C. Salm. Köln 1922.

62. Jupp Schmitz (1901 Köln – 1991 Köln)

„Man muß wohl aus Köln stammen, um über solche Fähigkeiten dieser Art zu verfügen wie Jupp Schmitz", schreibt Gérard Schmidt. Die Lieder des Komponisten, Liedertexters und Showtalents sind die „Kracher" auf jeder Karnevalssitzung und beliebte Schlager im Wirtschaftswunderdeutschland. Er wächst in der ■ 62a Isabellenstr. 25 [E7] im Severinsviertel auf. Das musikalische Talent entscheidet sich für eine klassische Pianistenausbildung an der Musikakademie in Nippes und am Konservatorium in der Wolfstraße. In den zwanziger Jahren spielt er u.a. im ■ 62b „Hotel Monopol" am Wallrafplatz 5 [H7] (zerstört). Er begleitet ➛Willi Ostermann auf dessen Tourneen. Mit seinem Lied *Am Aschermittwoch ist alles vorbei* gelingt dem bereits 51-jährigen 1952 der Durchbruch. Eigentlich schon lange im „Ruhestand" gibt er 1991 zu seinem 90. Geburtstag im „Senftöpchen" ■ 62c Am Hof [H8] zwei Monate vor seinem Tod ein

S

legendäres Konzert. Das Jupp-Schmitz-Denkmal auf dem ■ 62d Jupp-Schmitz-Plätzchen [G7] zeigt Schmitz am Flügel, mit Engelchen auf dem Deckel sitzend sowie Kätzchen und Notenblätter zu seinen Füßen liegend. **Grab: Melatenfriedhof (Flur X1, Nr. 165/166).**

W: *Ich fahr mit meiner Lisa zum schiefen Turm nach Pisa* 1948. *Wer soll das bezahlen.* Text von Walter Stein 1949. *Am Aschermittwoch ist alles vorbei* 1952. *Wir kommen alle in den Himmel.* Text von K. Feltz 1957. *Wat solle mer in der Sahara* 1958. *Es ist noch Suppe da* 1968. L: G. Schmidt: *Kölner Stars*. Köln 1992.

63. Johanna Schopenhauer

(1766 Danzig – 1838 Jena)

„Sowie wir den Fuß ans Land setzten, entstand unter den in Köln nicht einheimischen Passagieren eine Art Wettlauf. Alles eilte dem nahen Gasthofe Zum Großen Rheinberge zu. Glücklicherweise war unser Quartier vorher bestellt." Das so beliebte Hotel gibt es nicht mehr, am Ort befindet sich jetzt die Gaststätte „Im Söck'chen" nahe dem KD-Schiffsanleger an der ■ 63 Markmannstraße / Rheinufer [G8], der Auffahrt zur Deutzer Brücke. Die Mutter des Philosophen Arthur Schopenhauer bevorzugt für die Wintermonate die klimatisch milderen Rheingegenden. 1828 kommt sie nach Köln. Sie sieht in dieser Stadt „eine seltsame Zusammensetzung von schön und häßlich, von alt und neu" und besichtigt u.a. die Kirchen ■ K2 St. Maria im Capitol [F/G8] und den ■ D Dom: „Ehrfurchtvolles Staunen ergreift mich". Schopenhauer nimmt an Veranstaltungen im ■ G Gürzenich [G8] und am Karneval teil: „jeder lachte sich selbst wie seinen Nachbarn recht herzlich aus". Besonders empfiehlt sie das Erlernen der Kölschen „Volkssprache", denn „sie bietet das einzige Mittel, sich selbst den nicht ganz niederen Volksklassen verständlich zu machen [...], im Munde der Frauen sehr angenehm". Andere ihrer Beobachtungen gelten ebenfalls damals wie heute: „ein Viertel auf fünf heißt in Köln eigentlich ein Viertel auf sechs [...], wodurch der Fremde oft sehr irregemacht wird." Am Aschermittwoch 1831 ist sie wieder in Köln und schreibt an ihren Freund Karl von Holtei, „daß ich alles Lustige angesehen und mitgemacht habe."

W: *Ausflug nach Köln – Im Jahre 1828* 1831. L: *Johanna Schopenhauer. Ihr glücklichen Augen. Jugenderinnerungen, Tagebücher, Briefe.* Hg. von R. Weber. Berlin 1986.

64. Levin Schücking

(1814 Meppen – 1883 Pyrmont)
und Louise von Gall
(1815 Darmstadt – 1855 Schloß Sassenberg / Münster)

Die Schriftsteller lernen sich 1843 kennen und heiraten noch im selben Jahr. Zu ihren engen Freunden zählen die Dichterin A. v. Droste-Hülshoff und ➛Ferdinand Freiligrath, für den Schücking *Das malerische und romantische Westphalen* beendet. Nach Schückings Arbeit als Redakteur in Augsburg kommt das Paar 1845 nach Köln. Er stellt das Aufkommen liberaler und demokratischer Bestrebungen in Frage: „Sind die Kerls, die sich so auf die Liberalität geworfen haben, besser dadurch geworden, haben sie mehr Poesie dadurch bekommen, mehr Gemüth?“ In Köln arbeitet Schücking von 1845 bis 1852 als Chefredakteur der *Kölnischen Zeitung* des DuMont Schauburg Verlages im Redaktionsgebäude ■ 64 Breitestr. 76/78 [G6] (im Neubau bis 1998 Redaktion des *Kölner Stadt-Anzeigers*: zwei identische (!) Gedenktafeln für den DuMont Verlag an der Breitestr. 72 und 73). Später führen ihre Wege nach Paris, wo sie die Bekanntschaft mit ➛Heinrich Heine machen, sowie nach Rom und Neapel. Nach dem Tod seiner Frau 1855 entwickelt sich eine späte Liebe zwischen Schücking und Droste-Hülshoff. Sein schriftstellerisches Werk ist ausgesprochen umfangreich und umfaßt Gedichte, Novellen, Erzählungen und mehrere Romane.

Schücking W: *Das malerische und romantische Westphalen.* Zus. mit Freiligrath 1841. *Der Dom zu Köln und seine Vollendung* 1842. *Gedichte* 1846. *Novellen.* 2 Bde. 1846/1927. *Eine Eisenbahnfahrt von Minden nach Köln* 1855/1859. *Die Marketenderin von Köln* 1861. *A. v. Droste-Hülshoff. Ein Lebensbild* 1862/1953. Gall W: *Frauen-Novellen* ca. 1845. *Gegen den Strom* 1851. *Ich habs gewagt* (o. J.). *Die gnädige Frau* (o. J.). *Familienbilder.* Zus. mit L. Schücking 1854. *Frauenleben.* Hg. von L. Schücking 1856/1907. L: *Briefe von Levin Schücking und Louise von Gall* sowie *Briefe von Annette von Droste-Hülshoff und Levin Schücking.* Hg. von R. C. Muschler. Leipzig 1928.

65. Anna Maria van Schürmann

(1607 Köln – 1678 Utrecht)

Die Bildhauerin Elisabeth Perger versieht ihre Skulptur von Schürmann im 3. OG. des ■ R Rathausturms [G8] (Westseite, Ansicht vor dem Rathaus) mit der Eule der Weisheit, Staffelei und Pinsel sowie aufgeschlagenem Buch als Zeichen ihrer vielfältigen Begabungen. Tatsächlich ist ihre Gelehrtheit, dank des von den

Eltern großzügig gewährten Privatunterrichts geradezu phänomenal. Neben den für Gelehrte üblichen Kenntnissen in den alten und neuen Sprachen lernt sie syrische, chaldäische und sogar äthiopische Grammatik. Darüber hinaus studiert sie Naturwissenschaften, Medizin, Musik und protestantische Theologie. Mit ihrer *Dissertio*, einer wissenschaftlich geführten Begründung, daß christliche Frauen zum Studium befähigt sind, erreicht sie den Zutritt zur Universität Utrecht und große Aufmerksamkeit in europäischen Gelehrtenkreisen. Schon mit 35 Jahren wird sie in der „Bibliotheca Belgica" erwähnt. Schürmann wächst bis zum dritten Lebensjahr in Köln auf. Die Familie des Vaters stammt aus Antwerpen und flieht wegen der Glaubenskriege in das zwar katholische, aber durch den Handel vertraute Köln. Die Mutter, die Kölnerin Eva von Harff, stammt aus einer angesehenen Familie und besitzt ein Haus (zerstört) auf dem ■ 65 Krummen Büchel [F7] (Griechenmarktviertel). Aufgrund der restriktiven Maßnahmen gegen die Protestanten verläßt die Familie Schürmann 1610 die Stadt Köln und siedelt später nach Utrecht über. Erst 1653/54 kehrt die Gelehrte und Dichterin für einen Besuch in ihre Heimatstadt zurück. Diese Reise ist nicht ungefährlich, wenn man bedenkt, daß während ihrer Anwesenheit in Köln ein zehnjähriges Mädchen als letzte Hexe in den Turm geworfen wird. In ihrem Gedicht *Aenmerkinghe over 't onderschijt tussen Uitrecht en Ceulen* (Anmerkungen über den Unterschied zwischen Utrecht und Köln) beklagt sie die Intoleranz in Köln: „Sind auch die Kirchen voll, so sind doch alle gegen uns."

W: *Dissertio: Num Famina Christiana conveniat Studium Litterarum?* Wissenschaftliche Verteidigung des Frauenstudiums. ca. 1638. *Der Anna Maria von Schurman EYKAPHIA oder Erwählung des besten Theils.* Autobiographie in deutscher Übersetzung 1783. **L:** I. Franken: *Was aber bleibt von den Spuren unseres Namens? Eine Rede zum Gedenken an Anna Maria van Schürmann 1607-1678.* In: *Köln der Frauen.* Hg. von I. Franken und Ch. Kling-Mathey. Köln 1992.

66. Johannes Duns Scotus

(1265/66 Maxton-on-Tweed, Grafschaft Roxbergh, Schottland - 1308 Köln)

Die Inschrift am Fußende seines Grabes in der ■ K3 Minoritenkirche [H7] faßt seinen Lebensweg zusammen: "SCOTIA ME GENUIT; ANGLIA ME SUSCEPIT; GALLIA ME DOCUIT; COLONIA ME TENET" (Schottland hat mich geboren; England nahm mich auf; Frankreich lehrte mich; Köln behält mich). Scotus entstammt dem alten schottischen Landadel, der Familie Duns, und entscheidet sich mit 14 Jahren für den Franziskanerorden. Nach der Priesterweihe 1291 in Northampton und theologischen Studien in Paris wechselt er 1297 an die Universität Oxford, die damals, unter Einfluß Roger Bacons, das Zentrum der Naturwissenschaften in Europa darstellt. Duns Scotus versöhnt die Philosophie mit den experimentellen Naturwissenschaften und fordert: „Der einzig sichere Weg, über irgendeine Wissenschaft zu urteilen [...] ist es, sich ihrer Werkzeuge zu bedienen." Als er um 1301 wieder nach Paris geht, ist er bereits als „Mann ungewöhnlicher Geistesschärfe" bekannt und wird nach seiner Promotion auch *Doktor subtilis* genannt. Hier vertritt er auch das theologische Dogma der „Unbefleckten Empfängnis Mariens". An einem heißen Sommertag im Jahre 1307, so wird berichtet, erhält er eine Weisung, die er seinen erschrockenen Schülern vorliest: „Der Generalminister befiehlt mir nach Köln zu gehen." Sofort und ohne Gepäck macht er sich auf den langen beschwerlichen Fußmarsch an die Wirkungsstätte des von ihm verehrten ➛Albertus Magnus. Scotus vertritt im Unterschied zu ➛Aquins Lehre von der Einheit aller Wesensformen die Pluralität der Formen und erkennt „eigenständige Substanzen" und „Zellen" im Körper; eine Sichtweise, die sich in der modernen Chemie und Biologie wiederfindet. „Wenn die Teilung der Materie ins Unendliche sich nicht *in facto esse* als realisierbar erweist", sagt Duns Scotus, „dann bleibt sie nichtsdestoweniger *in potentia et in fieri* theoretisch möglich", und verweist damit gewissermaßen auf die Atomphysik des 20. Jahrhunderts. In seinem *Opus Oxoniense*, in einem Latein verfaßt, „das wohl einige Kopfschmerzen zu verursachen vermag" (Harcourt Brace), versucht Scotus seine berühmte Beweisführung von der Existenz Gottes: „Potest esse a se. Ergo est a se".

W: *Opus Oxiense.* Mehrbändige Lehrschriften ca. 1300-1308. L: Beraud de Saint-Maurice: *Johannes Duns Scotus. Lehrer unserer Zeit.* Paderborn 1955.

67. Anna Seghers (eigentl. Netty Reiling) (1900 Mainz - 1983 Berlin)

Im Exil in Mexico-City veröffentlicht die jüdische und kommunistische Schriftstellerin Anna Seghers 1942 den berühmten Roman *Das siebte Kreuz.* Im gleichen Jahr hält sie mit *Köln* den sogenannten 1000-Bomber-Angriff der Royal Air Force vom 30. Mai 1942 fest: „Denn in der Nacht auf den 1. Juni ist auch St. Maria im Kapital [Capitol], die auf dem einstigen römischen Markt- und Ratsplatz gegründete, in Flammen aufgegangen." Hierin rekapituliert sie die Kölner Geschichte vom Mittelalter bis zum Beginn der Naziherrschaft: „Hitler fand Geldgeber unter der rheinischen

S

Industrie [...].“ Seghers nimmt 1920, nach dem Abitur in Mainz, das Studium der Kunstgeschichte in Heidelberg auf. Die attraktive Studentin lernt hier ihren späteren Ehemann, den ungarischen Kommunisten László Radványi kennen. Sie ist fasziniert von ostasiatischer Kunst und Philosophie, daher wechselt sie zum Sommersemester 1921 an die ■ U2 Universität Köln [C9] und absolviert hier im Wintersemester 1921/22 ein Praktikum am Museum für ostasiatische Kunst, damals am ■ 67 Hansaring 32 [I6], heute in der Universitätsstr. 100. In Köln entsteht ihre lebenslange Freundschaft mit Irene Wirth. Im Tagebuch bezeichnet sie diese Freundin als „schöne Fremde“. Später sagt sie, dieser Zeit in Köln sei es zu verdanken, „daß ich heute noch viel und gern über verschiedene Kunstepochen lese und die Kunst besonders liebe, die man fälschlich primitiv nennt.“ 1922 wendet sie sich in Heidelberg der europäischen Kunst zu und promoviert 1924 über *Jude im Judentum im Werke Rembrandts*. 1925 geht Seghers mit ihrem Mann nach Berlin. Dieser leitet dort die marxistische Arbeiterschule (MASCH). Auf ihren Reisen in die Heimatstadt Mainz besucht sie gelegentlich ihre Freundin in Köln. 1933 flieht sie mit László in die Schweiz, nach Frankreich und 1941 nach Mexiko. Ihre Mutter wird 1943 im KZ Auschwitz ermordet. Nach 1952 ist Seghers lange Zeit Vorsitzende des Schriftstellerverbandes der DDR und wird mehrfach mit dem Nationalpreis der DDR geehrt. ➛Heinrich Böll nennt ihren Exil-Roman *Transit* von 1943 eines der „schönsten“ Werke, das sie geschrieben habe.

W: *Köln* 1942. In: *Aufsätze, Ansprachen, Essays 1927-1953*. Berlin 1984. **L:** C. Zehl Romero: *Anna Seghers. Eine Biographie 1900-1947*. Berlin 2000.

68. Friedrich Spee von Langenfeld

(1591 Kaiserswerth bei Düsseldorf – 1635 Köln)

„Hört auf mich ihr Richter, ich will euch gleich zeigen, wo sie [die Zauberer / Hexen] stecken. Auf, greift Kapuziner, Jesuiten, alle Ordenspersonen und foltert sie, sie werden gestehen [...]. Wollt ihr dann noch mehr, so packt Prälaten, Kanoniker, Kirchenlehrer [...]. Wollt ihr immer noch mehr, dann will ich euch selbst foltern lassen [...]. So sind wir schließlich alle Zauberer.“ Scharfsinnig und in mitreißenden Worten wendet sich Spee in seiner berühmten und 1631 anonym in Rinteln an der Weser herausgegebenen *Cautio criminalis* gegen die Hexenprozesse und gegen die Folter. „Die Wahrheit hat keinen größeren Feind als das Vorurteil“, stellt er fest und beklagt der Gelehrten „Vergnügen an der Grausamkeit“, die bewußt „Unwissenheit und Aberglaube“

sowie „Neid und Mißgunst“ im Volke für sich nutzen. Spee besucht das ■ J Jesuitengymnasium [H7] „Tricoronatum“ (Gedenktafel gegenüber am Erzbischöflichen Generalvikariat) und das Gymnasium Montanum. Nach dem Studium der Philosophie und Theologie an der Artistenfakultät in der ■ 68 Stolkgasse [H7] (abgerisssen, heute: im Bereich der Nr. 21-23) führen seine Wege 1609 u. a. nach Mainz, wo er 1622 zum Priester geweiht wird, nach Paderborn, wo er 1631 wegen seiner kritischen Haltung zur Hexenfrage des Lehramtes enthoben wird, und immer wieder nach Köln und Trier. Spee ist aber auch der bedeutendste katholische Barocklyriker. Auf Köln dichtet er: „Danck Gott O Coelln / du edle Stadt / Der dir die Koenig gegeben hat / Dich kroenen sie und zieren fein / Und werden dein Patronen sein.“ Im Vorwort der *Trutz-Nachtigall* ist er der Auffassung, „daß nitt allein die lateinische sprach und anderer sondern gar auch in der Teutschen man recht zierlich, lieblich und auf gut poetisch reden und dichten könne.“ 1635, bei Kämpfen zwischen kaiserlichen und französischen Truppen, betreut Spee pestkranke Soldaten und steckt sich an. Über seine Lieddichtungen, die großen Einfluß auf die späteren Romantiker ➛Friedrich Schlegel und Brentano haben, schreibt er: „Daß wird noch wol erklingen / Ob ich schon storben bin: / Es werden andre singen / Wan ich schon bin dahin“. Skulptur: ■ R Rathausturm [G8], 2. OG (Westseite, Ansicht vor dem Rathaus).

W: *Cautio criminalis seu de processibus contra sagas liber ad Magistratus Germaniae hoc tempore necessarius* (Vorsichtsmaßregel beim Strafprozeß oder Buch über Prozesse gegen Hexen, für die Obrigkeiten Deutschlands in dieser Zeit notwendig) 1631. *Trutz-Nachtigall* 1649/1981. L: *Friedrich Spee.* Bd. 1*: Güldenes Tugendbuch.* Hg. von T. G. M. van Oorschot und Bd. 2: Historisch-kritische Ausgabe sämtlicher Schriften. Hg. von E. Rosenfeld. München 1968. *Mein Herz will ich dir schenken. Die schönsten Lieder.* Hg. von D. Rost und J. Machalke. Paderborn 1985.

69. Edith Stein

(1891 Breslau - 1942 KZ Auschwitz)

1987 spricht Papst Johannes Paul II. vor 70000 Menschen im Müngersdorfer Stadion Edith Stein als „Jüdin, Philosophin, Ordensfrau und Märtyrerin“ heilig. Bereits 1917 promoviert sie bei Husserl als eine der ersten Frauen Deutschlands im Fach Philosophie. Beeinflußt von ➛Max Schelers, der „ganz von katholischen Ideen erfüllt war und mit allem Glanz seines Geistes und seiner Sprachgewalt für sie zu werben verstand“, tritt Stein 1922 mit 31 Jahren zum Katholizismus über. In den zwanziger Jahren setzt sie sich mit der Philosophie ➛Thomas von Aquins auseinander und

S

hält engagierte Reden für die Gleichberechtigung der Frauen. Sie selbst scheitert als Frau mit ihrer Habilitation an der männlich dominierten, konservativen Professorenschaft. 1933 wird ihr nach der Machtübernahme durch die Nazis „angeraten", ihre Arbeit als Dozentin in Münster einzustellen. Noch im gleichen Jahr tritt sie in das Kölner Kloster der Karmeliterinnen in der **Dürenerstr. 89** (Lindenthal, 1944 zerstört, Gedenktafel am Nachfolgebau) ein. Nach den Novemberprogromen flieht die Ordensfrau am 31. Dezember 1938 in ein Kloster nach Echt in Holland, zuvor betet sie in der alten Klosterkirche St. Maria im Frieden ■ 69a Vor den Siebenburgen [E7]. Im August 1942 werden Edith Stein und ihre Schwester Rosa mit vielen anderen Katholiken jüdischer Herkunft in Holland verhaftet, deportiert und in Auschwitz ermordet. Ein jüdischer Mitgefangener und Überlebender aus Köln erinnert sich: „Edith Stein ging unter den Frauen umher, tröstend, helfend, beruhigend wie ein Engel." Skulptur: ■ R Rathausturm [G8], 5. OG (Nordseite, Treppe zum Alter Markt), Denkmal: vor dem ■ 69b Priesterseminar am Börsenplatz [H7]. Eine weitere Gedenkstätte ist die Edith-Stein-Kapelle im Kardinal-Schulte-Haus, Köln-Bensberg.

W: *Zum Problem der Einfühlung.* Disseration 1917/1980. *Die Frau. Fragestellungen und Reflexionen.* Vorträge 1928-32. *Husserls Phänomenologie und die Philosophie des hl. Thomas von Aquino* 1929/1974. *Wege der Gotteserkenntnis - Dionysius der Areopagit* 1946/1993. *Kreuzwissenschaft* 1950. *Endliches und ewiges Sein. Versuch eines Aufstiegs zum Sinn des Seins* 1950. **L:** W. Herbstrith: *Edith Stein. Jüdin und Christin.* München, Zürich, Wien 1995. A. U. Müller und M. A. Neyer: *Edith Stein. Das Leben einer ungewöhnlichen Frau.* Biographie. Düsseldorf 1998.

70. Luise Straus

(1893 Köln - 1944 KZ Auschwitz)

Nach einer glücklichen Kindheit, ihr jüdischer Vater ist angesehener Hutmacherfabrikant und Mitinhaber der Firma Löwenstern & Straus ■ 70a An St. Agatha 26-28 [G7], beginnt sie nach dem Abitur 1912 das Studium der Kunstgeschichte, Archäologie und Geschichte in Bonn und Berlin. In Bonn lernt sie ➛Max Ernst kennen, der ihr im Kurs für Aktzeichnen beisteht: „Ich kritzelte ein wenig auf meinem Block herum, bis in einem unbeobachteten Augenblick Martin [M. Ernst] [...] in ein paar Strichen die ganze Zeichnung hinwarf, die ich dann während des Restes der Stunde eifrig nachzog". Sie heiratet Ernst 1918: „Unsere Hochzeit war gar nicht schön [...]. Die Nägel in meinen Brautschuhen piekten unentwegt." Anschließend zogen sie in eine „kleine, altmodische Wohnung im Obergeschoß" am ■ 70b Kaiser-Wilhelm-Ring 14 [H5]. Nach ihrer Promotion *Zur Entwicklung des zeichnerischen Stils in der Cölner Goldmacherkunst im 12. Jhdt.* schreibt sie als Kunstkritikerin u.a. für den *Kölner Stadt-Anzeiger* und arbeitet im ■ WR Wallraf-Richartz-Museum [H7] sowie in der Galerie Becker & Newmann am ■ 70c Wallrafplatz 4 [H7] (Neubau). Sie wirkt im DADA-Kreis um ihren Mann mit, denn „die günstige Lage unserer Wohnung [...] hatten uns ganz von selbst zum Mittelpunkt dieses Kreises junger Künstler und Kunstfreunde gemacht, die nun in endlosen Gesprächen eine neue Welt aufzubauen dachten, dabei zahllose Cigarretten rauchten [...]. Diese Leute kamen einer nach dem anderen zu uns, Tzara, Breton, Eluard." 1920 wird Ulrich Ernst geboren, genannt Jimmy. 1922 hat Max Ernst eine Affäre mit Gala Eluard und eröffnet seiner Frau: „Dich habe ich auch nie so leidenschaftlich geliebt wie sie." Sie trennen sich und Max Ernst geht nach Paris. Danach zieht sie mit Jimmy in die 2. Etage in der **Emmastr. 27** in Köln-Sülz. 1933 emigriert sie erst nach Paris, später nach Südfrankreich. Sie beginnt 1940 mit der Arbeit an ihrem autobiographischen Roman *Nomadengut.* Ihre Ausreiseversuche zu Jimmy nach New York scheitern an den französischen Behörden. 1943 wird sie interniert und 1944 nach Auschwitz deportiert, wo sie ermordet wird.

W: *Nomadengut.* Memoiren 1999. Neben zahlreichen Rezensionen auch Führer und Reportagen: *Führer durch das Wallraf-Richartz-Museum* 1919. *Kölner Karneval 1927* 1927. *Zug durch das dunkle Köln* 1929. *Das Mädchen von Düsseldorf* 1930. L: *Max Ernst in Köln. Die rheinische Kunstszene bis 1922.* Hg. von W. Herzogenrath 1980.

71. Publius Cornelius Tacitus (ca. 55 n. Chr. - 117-120 n. Chr.)

Die *Annalen* von Tacitus enthalten eine der frühesten literarischen Erwähnungen Kölns. Mit ihm erreicht die römische Geschichtsschreibung einen Höhepunkt. Aufgrund des seltenen Namens könnte er der Sohn des Prokurators Tacitus im belgischen Germanien sein, andere Quellen vermuten seine Herkunft aus Gallien oder Umbrien. Als ausgezeichneter Kenner der germanischen Provinzen berichtet uns Tacitus im 12. Buch seiner *Annalen*, geschrieben ca. 115-117, von der Umwandlung Kölns vom „Oppidum Ubiorum" zur römischen Kolonie mit allen Bürgerrechten im Jahr 50 n. Chr.: „Agrippina indes, um auch verbündeten Völkerschaften ihre Macht zu zeigen, setzte es durch, daß in der Stadt der Ubier, in welcher sie geboren war, eine Veteranenkolonie gegründet wurde, die nach ihr den Namen erhielt." Dieser Name lautet: *Colonia Claudia Ara Agrippinensium*, abgekürzt als *CCAA*. Diesem Monogramm begegnet man als Inschrift am römischen Nordtor, heute im Römisch-Germanischen Museum am ■ 71 Roncalliplatz 4 [H8] am Dom. Die Namensbestandteile „Claudia" und „Agrippinensium" verweisen auf den Kaiser Claudius und seine Kölner Gemahlin Agrippina die

Jüngere, Enkelin des Agrippas und Schwester des späteren Kaisers Caligula. Sie läßt ihren Mann Claudius im Jahr 54 vergiften und wird selbst auf Weisung ihres Sohnes, dem späteren Kaiser Nero, im Jahr 59 ermordet. „Ara“ verweist auf den der Göttin Roma und dem Kaiser Augustus gewidmeten Altar. Das Hauptheiligtum der *CCAA* ist jedoch der Tempel der „capitolinischen Trias“: Juppiter, Juno und Minerva (heute an der Stelle der Kirche ■ K2 St. Maria im Kapitol [F/G8]). Tacitus bekleidet bereits im Alter von etwa 35 Jahren in Rom das Ehrenamt eines Prätors und ist als ausgezeichneter Redner bekannt. Seine letzten Lebensjahre liegen, wie seine Herkunft, weitgehend im Dunkeln.

W: *Agricola*. Lebens- und Charakterbild eines Römers (ca. 98 n. Chr.). *Germania*. Historische Schrift und Sittenbild (ca. 98 n. Chr.). *Dialog über einen Redner* (ca.102-105 n. Chr.). *Historien* (ca. 109 n. Chr.). *Annalen*. Bände I-IV, V teilw., VI teilw. und XII-XVI erhalten. (ca. 115-117 n. Chr.).

72. Unbekannte Verfasser

Um 1085 ist das *Annolied* entstanden. Der Autor, mit Sicherheit ein Geistlicher, wird im Kloster Siegburg vermutet. Bekannt wird das in mittelfränkischer Sprache geschriebene Werk durch einen Druck von Martin Opitz 1639, nach einer alten Pergamenthandschrift als Vorlage. Die rund 300 Verse, eine Mischung aus geschichtlicher Chronik, Heilsgeschichte und Städtelob, beziehen sich auch auf den Kölner Erzbischof Anno II., den die Kölner 1074 kurzzeitig aus ihrer Stadt vertreiben. Der Urheber des *Annoliedes* steht auf Annos Seite und lobt in Strophe VII die Stadt recht überschwenglich: „Zu Köln war er [Anno] zum Bischof geweiht / Drob preise die Stadt Gott jederzeit / Daß er am schönsten Ort, der entstanden / Jemals in uns’ren deutschen Landen / Den frömmsten Mann, der an den Rhein / Gekommen ist, ließ Richter sein!“. Es ist einer der ersten Werke, in denen das Wort „deutsch“ als „diutischemi“ auftritt. Eine Büste Annos befindet sich in der Kirche ■ 72 St. Georg [F7/8].

1499 erscheint ohne Angabe des Verfassers die nach dem Kölner Drucker und Verleger Johann Koelhoff benannte *Koelhoffsche Chronik* oder *Cronica van der hillige Stat van Coellen*. Die typographisch meisterhaft gestaltete Chronik berichtet über die Stadtgeschichte Kölns. Als Vorlage dient u.a. die 1472-75 handschriftlich verfaßte Chronik *Agrippina* von Heinrich van Beek, über den allerdings wenig bekannt ist. Eine Skulptur Heinrich van Beeks steht im 1. OG im ■ R Rathausturm [G8]. Da die *Koelhoffsche Chronik* auch die Mißstände im Klerus und in der weltlichen Herrschaft berücksichtigt, wird sie binnen drei Monate nach Erscheinen verboten.

Die drei *Kölner Schwankbücher*: *Stynchen van der Krone*, *Der Boiffen Orden* und *Marcolphus* erscheinen 1492 anonym ohne Angabe des Druckortes. Man kann aber davon ausgehen, daß es Kölner Inkunablen sind, u.a. weil alle drei Bände Koelhoffsche Drucktypen aufweisen. In einem Strophenanfang aus *Stynchen van der Krone* heißt es: „Huer in den mey sprach zo myr / tzo Coellen eyn so vrysche mayt: Lieve gesell, ich myrcken en Dyr, Dyn hertz verborgen lyden drayt." Das dritte Buch *Marcolpho* behandelt die Sage von Salomo und Markolf.

L: Stephan Müller: *Vom Annolied zur Kaiserchronik*. Dissertation. Heidelberg 1999. Stadtbibliothek und LiK-Literaturarchiv der Stadt Köln.

73. Wilhelm Unger

(1904 Bad Hohensalza - 1985 Köln)

Der Sohn eines jüdischen Arztes und einer russischen Mutter kommt 1907 nach Köln. Auf dem Kölner ■ 73 Rathenauplatz [F5] verbringt er die schönsten Jahre seiner Kindheit und gewinnt einen Baum „ganz besonders lieb". Unger erinnert sich: „Wehte ein leichter Wind, neigte er sich zu mir [...]. Jeden Kummer wußte er zu trösten [...]. Vor dem Baum stand eine Bank. Viele Jahre später [...] zog es mich wieder zu dieser Bank. Auf einem montierten Schild stand zu lesen: 'Juden unerwünscht'. Und nie wird mich jemand davon abbringen können, die Trauer gesehen zu haben, mit der er [der Baum] meinen Blick erwiderte." Nach dem Studium der Germanistik, Philosophie und Psychologie in Köln und Bonn arbeitet er als freier Schriftsteller und Journalist, u.a. für die *Kölnische Zeitung*. Sein älterer Bruder Alfred Unger arbeitet als UFA-Dramaturg und Drehbuchautor. Wilhelm Ungers erstes Buch *Beethovens Vermächtnis* wird Opfer der Bücherverbrennung im Mai 1933, im ■ U2 Universitätsgebäude [C9]. Er taucht unter, emigriert 1939 nach England und wird in Australien interniert. ➛Ostermanns „*Ich möch zo Foß noh Kölle gon* sangen wir auch in den verstreuten Hütten der australischen Internierungslager". 1942 engagiert ihn die BBC. Mit Adolf Grimme und Oskar Jancke initiiert das PEN-Mitglied die Gründung der „Deutschen Akademie für Sprache und Dichtung", zusammen mit Peter Ustinov den „German-Theatre-Club" und 1958 mit ➛Paul Schallück und ➛Heinrich Böll die Gründung der „Bibliothek Germania Judaica". Nach 1956 lebt er wieder in Köln, in einem Penthouse mit Domblick in der **Vogelsangerstr. 9.** „Als ich mich entschloß, wieder ein Kölner zu werden, erfüllte sich ein Traum." Bei ihm sieht man „Tout Cologne" und „der Peter Zadek kam auch“ (Jürgen Flimm). Oder er trifft sich mit Freunden bei den ➛Schallücks in Müngersdorf, „in deren Wohnung wir so oft [...] diskutierten, räsonierten, manchmal Kölner Kulturklüngel zu beeinflussen suchten“ (Fred Viebahn). Er unterstützt ➛Irmgard Keun, indem er ihr eine Wohnung in der Trajanstraße besorgt. Für seine kulturtheoretischen und politischen Schriften erhält Unger höchste Ehrungen: u.a. die Goethe-Plakette, das große Verdienstkreuz der BRD, die Israel-State-Medal und er ist Honorable Officer of the British Empire. Grab: **Friedhof in Müngersdorf.**

W: *Beethoven Vermächtnis* 1930. *Taschen-Lexikon der Astrologie* (unter dem Pseudonym: Chiron) 1934. *Hitler* 1939. *Revolutionary years after the war* 1940. *Der Eichmann-Prozeß.* In: *Germania Judaica. Bulletins der Kölner Blibliothek zur Geschichte des deutschen Judentums.* Jg. 1. Nr. 2. Köln 1960/61. *Das andere Deutschland. In den Bahnen der großen Tradition.* In: *Kölner Stadt-Anzeiger* 28.11.1968. **L:** *Literatur in Köln: Wilhelm Unger.* LiK-Heft 15. 1983.

74. Joost van den Vondel

(1587 Köln - 1679 Amsterdam)

Während des Dreißigjährigen Krieges, im Dezember 1632, versucht der schwedische General Baudissin die kurkölnische Ortschaft Deutz gegenüber von Köln zu besetzen, mit dem Ziel, das Kurfürstentum Köln von spanischen und kaiserlichen Truppen zu „säubern“. Der Angriff auf Deutz erfolgt in der Nacht auf den 22. Dezember. Entweder aufgrund des feindlichen Feuers oder wegen der Ungeschicklichkeit der Kölner Soldaten explodiert das Pulvermagazin, untergebracht in der Deutzer Kirche St. Urban. Ein ganzes Häuserviertel wird dabei verwüstet und 300 Menschen müssen sterben. Baudissin ist über diese heftige “Gegenwehr” überrascht und zieht sich zurück. Der niederländische Nationaldichter Joost van den Vondel bemühte sich in diesem Kriegsjahr mit einem Bittgedicht an den schwedischen König Gustav II. Adolf, seine geliebte Heimatstadt Köln zu verschonen. Das Geburtshaus des Dichters, „Zur Fyolen“ (Zum Veilchen), steht in der ■ 74 Große Witschgasse 5 [F8] (zerstört, etwas unscheinbare Gedenktafel an dieser Stelle). Seine Familie, die ursprünglich aus Antwerpen stammt, wird 1595/96 der Stadt verwiesen, vermutlich weil sie der Sekte der Mennoniten angehört. Seit dieser Zeit lebt er in Amsterdam und erobert die Niederlande mit seinen Gedichten und Dramen. 1641 konvertiert er zur Katholischen Kirche. In seinem, oft mit Hölderlin verglichenem, Gedicht *Der Rijnstroom* (Der Rheinstrom) heißt es in der fünften Strophe: „Folg deinem ausgelassenem Schwang, / Sing in dein Rauschen meine Lieder, / Hüpf meine Kölner Kaj’ entlang / Und fahr mit dir durch Basel nieder [...].“ Skulptur: ■ R Rathausturm [G8], 3. OG (Ansicht vom Rathausplatz).

W: *De Kruisbergh* ca. 1625. *De Roskam* 1626. *Decretum horribile* 1631. *Der Rijnstroom* 1639. *Leeuwendalers* 1648. *Lucifer* 1654. L: A. Baumgartner: *Joost van den Vondel. Sein Leben und seine Werke*. Freiburg 1882.

75. Ferdinand Franz Wallraf

(1748 Köln – 1824 Köln)

Daß Kölns Kunstsammler und Museumsstifter als zentrale Figur der “Olympischen Gesellschaft” der Stadt auch literarisch wichtige Impulse gibt, ist wenig bekannt. Diesem Literaturkreis, der auf den Kölner Lehrer Johann Caspar Schug zurückgeht und von 1806 bis 1819 besteht, gehören Dichter und Gelehrte, wie Wallraf, Matthias Joseph De Noël oder Wallrafs Sammlerfreund Sulpiz Boisserée, an. Das Ende dieser Gesellschaft kommentiert der 1782 in der Königsstr. 2 geborene Dichter De Noël: „Hier starb, - sich ihrer Gott erbarm - / An Witz und Laune gänzlich arm / Obwohl mit Zuckert und mit Thee / [...] / Die sonderbarlich hochstudierte / [...] / Erzjämmerliche Gesellschaft“. Wallrafs Geburtsort ist der ■ 75a Steinweg 10 [G8] (Gedenktafel). Nach dem Studium der Theologie und der Naturwissenschaften an der Artistenfakultät in der ■ 75b Stolkgasse [H7] (abgerissen, heute: etwa die Stelle bei Nr. 21-23) der Kölner Universität wird er Professor an dem Gymnasium Montanum und zum Priester geweiht. Als solcher nimmt er die Stelle als Kanoniker in den Gemeinden ■ K2 St. Maria im Capitol [F/G8] und ■ 75c St. Aposteln [G6] an. 1779 veröffentlicht er den in mehreren Auflagen erschienenen *Hymnus an die Natur* und gewinnt mit diesem, die Natur überhöhenden, Gedicht große Aufmerksamkeit. Bemerkenswert ist hier der Einfluß der Naturwissenschaft auf Wallrafs Dichtung: „Vom schwachen Atom zum stolzen Planet / Die Myriaden Geschlechter / Nach Stufenfolgen im Ganzen vereint? / Dem letzten Stein giebst du die Fibern der Pflanze, / Die letzte Pflanze / Bewegt sich und greift, empfind und ist Thier, / Und Thiere gränzen an Menschen / Und Menschen steigen zu Engeln hinan.“ Darüber hinaus gehört Wallraf zu den ersten Kölner Mundartdichtern. 1793 wird er zum – vorerst letzten - Rektor der Kölner Universität gewählt. In dieser Zeit beginnt er seine berühmten Kunstsammlungen aufzubauen. 1815 kommt ➛Goethe zu Besuch und besichtigt die Sammlungen in Wallrafs Haus, der ehemaligen Domprobstei, heute: ■ 75d Wallrafplatz [H7] (mit Gedenktafel am neuen „Café Campi“). Skulpturen: am ehemaligen ■ WR Wallraf-Richartz-Museum [H7] und auf dem ■ R Rathausturm [G8] 3. OG (Nordseite, Treppe zum Altermarkt). Grab: **Melatenfriedhof (Flur 16 A, zw. A u. B).**

W: *Hymnus an die Natur* 1779. *Über Naturgeschichte und Aesthetik.* Antrittsvorlesung 1786. *Liebe und Schönheit und ihr Entstehen. Eine platonische Vision* 1799. *Auf Antoinettes Totenfeier. An die Priesterinnen des Kapitols in Köln 1794* 1800. *Agrippina, Gemahlin des Claudius, Stifterin von Köln* 1800. *Geschichte, Kunst und Sitten. Chronik von und für Köln* 1803/1804. *Ein Wort über den Übertritt des Herrn Friedrich Schlegel und seiner Gattin zur Katholischen Confession* 1808. L: *Wallraf als Dichter.* Köln 1913. *Kölner Sammler zwischen Tricolore und Preußenadler.* Hg. von H. Kier u. F. G. Zehnder. Köln 1995.

76. Günter Wallraff

(1942 Burscheid bei Köln)

„[...] nach einigen Jahren Auslandsaufenthalt (hat es mich) wieder in meine Heimatstadt verschlagen. Als rückfällig gewordener Wahl-Ehrenfelder sollte ich an dieser Stelle die Gelegenheit wahrnehmen, die versteckten Ecken, Nischen und Winkel dieses mit dem Arme-Leute-Geruch behafteten Stadtteils zu preisen, der bisher glücklicherweise von Edelsanierung und einödender Gleichschaltung weitgehend verschont blieb. Von daher gesehen widerstrebt's mir [...], wenn ich die verborgenen Schönheiten und Geheimnisse meines Viertels preisgeben und Exotik-Voyeuren der Schickeria ausliefern würde." Wallraff beginnt nach der mittleren Reife eine Buchhändlerlehre, verdient aber sein Geld 1963-65 in verschiedenen Industriebetrieben, die ihm den Stoff für seine erste Reportage liefern. Diese und spätere, oftmals spektakuläre Dokumentationen aus „der unterschlagenen Wirklichkeit", begründet auf die Erfahrungen im Selbstversuch, bescheren ihm zahllose Anzeigen und Prozesse und offenbaren einen kritischen Blick hinter die Fassaden der Gesellschaft. Magazine, wie *Pardon* (1966-67) und danach *konkret*, engagieren ihn als Redakteur. Wallraff wirkt in der „Gruppe 61" in Dortmund um Max von der Grün, 1969 im „Werkreis 70" und später im „Werkreis Literatur der Arbeitswelt" mit. Nach Protestaktionen in Athen gegen Menschenrechtsverletzungen verurteilt ihn das dortige Militärregime 1974 zu 14 Monaten Haft. Während der Terrorismus-Hysterie in der BRD wird er wie ➛Heinrich Böll, mit dem er 1977 die *Berichte zur Gesinnungslage der Nation / Berichte zur Gesinnungslage des Staatsschutzes* veröffentlicht, observiert. Seine berühmten Undercover-Reportagen über seine Erfahrungen als Bote beim Kölner Gerling-Konzern, als Redakteur bei der *Bild-Zeitung* oder als angeblicher türkischer Gastarbeiter auf Jobsuche, 1985 veröffentlicht im Buch *Ganz unten* - das in 33 Sprachen übersetzt und 1986 verfilmt wird - sind bei den Mächtigen aus

Wirtschaft, Presse und Politik gefürchtet. Wallraff wird für seine Bücher und sein soziales Engagement geehrt, u.a. mit der Carl-von-Ossietzky-Medaille. 1986 stiftet er den „Günter-Wallraff-Preis“ zur Förderung der Zweisprachigkeit ausländischer Arbeiterkinder.

W: *Meskalin. Ein Selbstversuch* 1968. *Industriereportagen* 1970/1991. *Von einem der auszog und das Fürchten lernte.* Bericht 1970/1979. *Der Aufmacher. Der Mann der bei 'Bild' Hans Esser war* 1977/1997. *Das BILD-Handbuch bis zum Bildausfall* 1981. *Die unheimliche Republik. Politische Verfolgung in der BRD.* M. H. Hannover 1982. *Ganz unten* 1985/1993. *Ganz unten. Mit einer Dokumentation der Folgen* 1990. *Mein Tagebuch aus der Bundeswehr* 1992. *Traumpfade. Eine Skizze.* Beitrag im *Kölner Stadt-Anzeiger* vom 4./5.5.1991. *Autorinnen und Autoren in Köln vorgestellt in Text und Bild.* Hg. von LG Köln / Freunde der Stadtbücherei e. V. und LiK-Archiv und bearbeitet von U. Biedermann. Köln 1994.

77. Georg Weerth

(1821 Detmold - 1856 Havanna)

Weerth hört an der Bonner Universität Vorlesungen bei August Wilhelm Schlegel und lernt dort die rheinischen Dichter Karl Simrock und Gottfried Kinkel kennen. In der *Kölnischen Zeitung* kann er bereits ab 1842 erste Beiträge publizieren, u.a. 1843 ein Bericht von seiner ersten Englandreise. In Köln wohnt er „bei Lennerz“, ■ 77a Alter Markt 30 [G8] (zerstört). Auf seiner zweiten Englandreise macht er 1844 in Bradford die Bekanntschaft mit ➛Friedrich Engels, dessen sozial-revolutionäres Gedankengut und ökonomische Gesellschaftsanalyse auch Weerth zum politischen Engagement anregt. Mit ➛Karl Marx und ➛Engels nimmt er 1847 am „Kongreß des Bundes der Kommunisten“ in Brüssel teil, und gemeinsam erleben sie 1848 die Revolution in Paris. Von dem einst revolutionären Dichter ➛Friedrich Freiligrath ist er enttäuscht: „Freiligrath ist ein pensionierter Poet, was ihn wahrscheinlich noch serviler macht, - seine letzten Arbeiten begreife ich nicht! - Allah sei mit ihm“. Ende März 1848 kommt Weerth wieder nach Köln, um ➛Marx und ➛Engels beim Aufbau der *Neuen Rheinischen Zeitung* zu unterstützen. „Seit einigen Tagen wieder in Köln. Alles ist bewaffnet, man traut den Berliner Versprechungen nicht, - man wird nur mit allgemeiner Wahl, unbedingter Preßfreiheit und Associationsrecht zufrieden sein“. In der *Neuen Rheinischen Zeitung* erscheint auch sein satirischer Roman *Schnapphahnski* als erster deutscher Feuilleton-Roman, der ihm allerdings eine Anklage und Verurteilung einbringt. 1850 tritt Weerth die Strafe an: „Dein treuer Bruder Georg [...] schreibt Dir in diesem Augenblick aus dem Gefängnis der heiligen Stadt Köln [...]. Du weißt, daß ich den Prozeß Schnapphahnski auf dem Nacken hatte und in dritter Instanz zu 3 Monat Gefängnis verurteilt wurde. [...] Georg Weerth, Nr. 23, Klingelpütz in Köln a. Rh." An der Stelle des Gefängnisses befindet sich heute ein Park am ■ 77b Klingelpütz [I7]. Nach der Entlassung wohnt er zunächst bei seinem Freund Thibus, „Englischer Hof" („Hotel D'Angleterre") in der Kasinostraße. Er besucht 1851 ➛Heinrich Heine in Paris und hält sich später in Spanien und Südamerika auf. Bei den kurzen Aufenthalten in Köln wirbt er erfolglos um Betty Tendering, die Tochter des Verlagsbuchhändlers Franz Duncker. Weerth stirbt 1856 auf seiner zweiten Überseefahrt an den Folgen der Malaria.

W: *Leben und Thaten des berühmten Ritters Schapphahnski* 1849. *Humoristische Skizzen aus dem deutschen Handelsleben 1845-1848.* Hg. von B. Kaiser 1949. *Das Blumenfest der englischen Arbeiter u. a. Skizzen* 1954. *England Reisen.* Hg. von B. Kaiser 1954. *Streiflichter auf Old England* 1963. *Fragment eines Romans.* Hg. von S. Unseld 1965. *Blödsinn deutscher Zeitungen u. a.* Hg. von D. Pforte 1970. L: U. Zemke: *Georg Weerth. Ein Leben zwischen Literatur, Politik und Handel.* Düsseldorf 1989.

78. Hermann von Weinsberg

(1518 Köln – 1597 Köln)

1858 macht Leonard Ennen im Rathausturm einen erstaunlichen Fund: vier dicke, eingestaubte Folianten von über 7000 Seiten, *das gedenkbuch der jaren*, dem *Buch Weinsberg*, eine einzigartige Quelle über das Alltagsleben im 16. Jahrhundert. Hierin begründet der Autor selbst, warum er sich die Mühe dieser umfassenden Chronik macht: „Niemand wolle mir verargen, daß ich von geringen Leuten [...] von häuslichen, schlichten, kindischen Dingen und von mir selber viel schreibe, denn wer soll es tun, wenn wir es nicht täten? Bei Chroniken, Poeten und so weiter wird man nichts von uns finden, drum, wenn mein Buch [...] nachgeschrieben wird, werden meine Nachkommen von uns auch etwas zu sagen wissen, sonst wären wir nie gewesen." Sein Großvater kauft 1491 ein altes, seit 1333 bezeugtes Wirtshaus, das Haus Weinsberg „Unter Blaufärbern", heute an der Stelle ■ 78a Blaubach 4 [F7] (zerstört): „es kostete fünfhundert rheinische Gulden, sechs Malter Korn und sechs Malter Malz". Die hygienischen Verhältnisse sind zeitgemäß, als Kind „bin ich der Läuse so ziesig gewesen an Kopf und Leib, daß sie mir übel zu vertreiben waren". Nach einer akademischen Laufbahn und der Promotion zum „Magister der sieben freien Künste" ernennt seine Gaffel Schwarzhaus ihn mit 25 Jahren zum Ratsherrn und "alle Menschen verwunderten sich [über die Wahl] dieweil ich ein Student war [...] hatte noch keine Hausfrau, hielt kein Haus, das war damals ungewöhnlich". Anläßlich seines „Banneressens" schildert Hermann sehr appetitlich das kulinarische Angebot: „Die meisten haben Ratswein getrunken. Zum ersten Gang ward angerichtet eine große Schüssel mit gebratenem Schinken mit Korinthen-Pfeffer, rund umher standen zehn Schüsseln mit Rindfleisch, Ochsenkeule, Zunge, Hennen, Grünfleisch, Binger Wurst, Saurem Kappes, Pastetchen mit Lammfleisch". Er schreibt aber auch über Ereignisse wie die Pest von 1501, an der im Folgejahr bis auf seinen Vater die ganze Familie stirbt. Politische Ereignisse werden ebenfalls festgehalten, wie der Aufstand von 1513, „wobei die Herren auf dem Heumarkt mit dem Schwerte hingerichtet wurden", oder der Besuch von Karl V. Seine Aufzeichnungen brechen vor seinem Tode ab. Hermann von Weinsberg wird auf dem Kirchhof von St. Jacob begraben, ■ 78b Georgsplatz am Waidmarkt [F7/8] (1825 abgerissen, heute: Nachbargelände von St. Georg).

W: *das gedenkbuch der jaren = Buch Weinsberg* 1598. **L:** Hermann von Weinsberg: *Das Buch Weinsberg - Aus dem Leben eines Kölner Ratsherrn.* 1997.

79. Dieter Wellershoff (1925 Neuss)

Noch als Gymnasiast wird Wellershoff 1943 zum Miltärdienst eingezogen. Nach Verwundung in Litauen und Kriegsgefangenschaft holt er 1946 das Abitur nach und studiert in Bonn Germanistik, Psychologie und Kunstgeschichte. Er promoviert 1952 mit einer Arbeit über Gottfried Benn. Im gleichen Jahr heiratet er seine Freundin Maria von Thadden. Wellershoff arbeitet als Redakteur und von 1959-81 als Lektor für den Kiepenheuer & Witsch Verlag, „aber heute noch ist er einer der besten Lektoren für deutsche Literatur [...] Wellershoff, der Lektor, hat für andere Schriftsteller, deren Nöte er miterlebte, Stipendien beschafft, [...] Eheauseinandersetzungen geschlichtet, Ärzte besorgt, sich um Wohnungen bemüht." (R. Neven-Dumont). Seit 1960 nimmt er an den Treffen der „Gruppe 47" teil und initiiert Mitte der 60er die wenige Jahre bestehende „Kölner Schule", die mit ➛Brinkmann, Nicolas Born u.a. einen „Neuen Realismus" verfolgt. Er wohnt Anfang der 60er Jahre in Rodenkirchen, dann in der **Morbacherstr. 50** (Sülz) und seit 1978 in der Südstadt. In den 70er Jahren schreibt er auch im Café Kranzler am ■ 79a Hohenzollernring 32 [H5] (heute: Pizza Hut), bevorzugt heute jedoch sein Arbeitszimmer. Die Vorlagen für seine „Romanorte" entnimmt er oftmals seiner Umgebung. Wenn er in *Der Liebeswunsch* ein Apartmenthaus als „grauer Kasten mit kleinen Balkonen an der Vorderfront, die wie herausgezogene Schubladen aussahen" beschreibt, so dient ihm das Haus ■ 79b Trajanstr. 10 [D9], in seiner Nachbarschaft, das ehemalige Wohnhaus ➛Irmgard Keuns und ➛Albrecht Fabris, als Vorlage. In *Pan und die Engel* stellt er sein Revier vor, „das ich durchstreife, ähnlich wie ein Tier sein Territorium, [es] liegt zwischen der Bonner Straße und der Rheinuferstraße, wird im Süden von dem Bahndamm begrenzt [...] Es grenzt im Norden an das Stollwerkviertel, führt von der Brotmühle zur Severinskirche und noch ein Stück in die Severinstraße hinein. [...] Seit fast zwölf Jahren wandere ich hier herum [...]. Überall gehe ich hier in meinen eigenen Spuren". Seine Empfindungen zu Köln ähneln denen von ➛Hilde Domin: „Neue Bilder überlagern alte Bilder, alte durchdringen immer wieder die neuen." Wellershoff wird mit zahlreichen Preisen geehrt, darunter der Heinrich-Böll-Preis der Stadt Köln und der Friedrich-Hölderlin-Preis.

W: *Die Sirene* 1980. *Die Arbeit des Lebens.* Autobiographische Texte 1985. *Die Körper und die Träume* 1986. *Der schöne Mann und andere Erzählungen* 1989. *Pan und die Engel: Ansichten von Köln* 1990. *Der Ernstfall. Innenansichten des Krieges* 1995/1999. *Zikadengeschrei* 1995. *Der Liebeswunsch* 2000. *Die Entstehung eines Romanes. Ein Zwischenbericht* 2000. *Der verstörte Eros. Zur Literatur des Begehrens* 2001.
L: *Literatur in Köln: Dieter Wellershoff.* LiK-Heft 5. Köln 1975.

80. Ernst (Franz Maria Hubert) Weyden

(1805 Köln - 1869 Altona)

Seine Lebensphilosophie „Durch das Schöne stets das Gute" ist der Wahlspruch des Kölner Männer-Gesangsvereins. Er wächst im Haus der Mutter, Eigentümerin eines Manufakturgeschäfts, in der ■ 80a Neugasse 2340 [H8] (französische Zählweise) gegenüber vom Bechergäßchen (zerstört, heute: Ecke Neugasse / Bechergasse in der Altstadt) im napoleonischen Köln auf. Das Stadtbild dieser Zeit beschreibt Weyden fünfzig Jahre später in seinen bis heute lesenswerten *Jugenderinnerungen*: „Aber durch welches Tor wollen wir unseren Einzug halten? Wir haben die Wahl. Zwölf Tore, von denen aber drei schon vermauert [...]. Ich schlage das Weyertor vor [...] so viel weiß ich, daß nicht weniger als Schira's Rosendüfte uns begrüßen [...]. Aus der Schafenpforte haucht [...] das Schwarzwasser [...] deren trügerische Eisdecke schon manches junge Leben gefordert, ihre Malaria aus [...]. Wie an allen Toren türmen sich hier in der Straße Misthaufen, die [...] häuserhoch, selbst manche Giebelspitzen überragen [...]. Die Mistsultane mit ihren Harems scharren im Laufe des Tages die Kothaufen völlig auseinander, denn Hühner werden in allen Straßen gehalten." Der Vater, ein Kaufmann, schickt den Jungen zunächst auf die

Domschule im ■ K3 Minoritenkloster [H7] und dann auf das ■ J Marzellengymnasium [H7]. Nach dem Studium der deutschen Sprache, der neuen Fremdsprachen und der Geschichte an der Universität Bonn mit einjährigem Studienaufenthalt in Paris von 1826 - 1827 nimmt Weyden bis zu seinem Ruhestand 1868, erst als Kandidat, später als Lehrer, eine Stelle an der Höheren Bürgerschule am ■ 80b Quatermarkt [G7/8], dem späteren Gymnasium Kreuzgasse, an. Weyden wohnt in der ■ 80c Langgasse 2c [H7] (heute: Neven-DuMont-Straße). Der Freund von Franz Liszt und der Familie Dumont korrespondiert mit seinem Universitätslehrer August Wilhelm von Schlegel und schreibt für die *Kölnische Zeitung* als Kunstkritiker und über „Festberichte". Er publiziert Schriften über die Stadtgeschichte, Kölner Sagen und Legenden sowie über das Haus Overstolz in der ■ 80d Rheingasse 8 [F8] (bis heute erhaltener romanischer Profanbau, ein Patrizierhaus aus dem 13. Jh.) und ist Mitbegründer des „Kölnischen Kunstvereins" (1839), des „Kölner Dombauvereins" (1842) und des „Kölner Männer-Gesangsvereins".

W: *Guzman der Edle* 1826. *Der Taubstumme* 1833. *Geschichte der Burgen, Rittergüter, Abteien und Klöster im Rheinland* 1835. *Köln am Rhein vor 50 Jahren. Sittenbilder nebst historischen Andeutungen und sprachlichen Erklärungen* 1862. *Geschichte der Juden in Köln am Rhein von den Römerzeiten bis auf die Gegenwart* 1867. **L:** E. Welter: *Dr. Ernst Weyden. Lebensbild eines Kölner Patrioten.* In: *Alt-Köln*. 6. Jg. Köln 1913.

Ein großes Dankeschön
gilt zuerst Uta Biedermann und den Mitarbeitern des Literaturarchivs der Stadt Köln. Für die gute Zusammenarbeit ein besonderer Dank an Jörg Reichwald, an die risikobereite Verlegerin Ute Fritsch, die Graphikerin Synke Köhler und die Lektorin Silvia Vormelker, für die Gastfreundschaft an Dieter Wellershoff und seine Frau, für wichtige Hinweise an Hilde Domin und Herrn Kosubeck von der Verwaltung des Melatenfriedhofs, an Siggi Wege und an all diejenigen aus Familien-, Freundes- und Bekanntenkreis, die hilfreiche Buchtips gegeben oder Zeitungsartikel besorgt haben.

Der Autor

Ansgar Bach, geboren 1966 in Köln, beginnt nach dem Abitur auf dem Kölner Gymnasium Kreuzgasse in Berlin ein Chemiestudium, das er 1997 mit einer Promotion an der FU-Berlin abschließt. Zeitweise arbeitet er als Forschungsstipendiat der DFG und als freier Produktberater im Osteuropageschäft für die chemische Industrie. Er lebt in Berlin, unterbrochen von längeren Aufenthalten in Köln, Leipzig, L'viw (Lemberg) und Buffalo (NY). Seit 1998 leitet er das Unternehmen LITERARISCH REISEN. Neben Fachpublikationen liegen von ihm u.a. die Kriminalgeschichte *Ukrainische Verbindung* (Berlin 2000) und die Kurzprosa *Wise men fish here* (Leipzig 2002) vor.

---

unter Mitarbeit von:
Jörg Reichwald, geboren 1966 in Köln, hat ein Studium der Geschichte und Germanistik an der Albertus-Magnus-Universität Köln abgeschlossen. Seit 1998 bietet er kompetente und beliebte Stadtführungen zur Kultur und Geschichte Kölns an und ist auch für Stattreisen e. V. tätig. Daneben tritt er als freier Kabarettist in Köln auf verschiedenen Kleinkunstbühnen auf.
